오십에 읽는 사기

계속 나아가는 삶을 위한 역사 수업

오십에 읽는 사기

1판 1쇄 2023년 5월 17일
1판 4쇄 2023년 6월 27일

지은이 김영수
펴낸이 유경민 노종한
기획편집 유노북스 이현정 조혜진 권혜지 정현석 **유노라이프** 권순범 구혜진 **유노책주** 김세민 이지윤
기획마케팅 1팀 우현권 이상운 **2팀** 이선영 김승혜 최예은 전예원
디자인 남다희 홍진기 허정수
기획관리 차은영
펴낸곳 유노콘텐츠그룹 주식회사
법인등록번호 110111-8138128
주소 서울시 마포구 월드컵로20길 5, 4층
전화 02-323-7763 **팩스** 02-323-7764 **이메일** info@uknowbooks.com

ISBN 979-11-92300-62-7(03910)

- — 책값은 책 뒤표지에 있습니다.
- — 잘못된 책은 구입한 곳에서 환불 또는 교환하실 수 있습니다.
- — 유노북스, 유노라이프, 유노책주는 유노콘텐츠그룹의 출판 브랜드입니다.

오십에 읽는 사기

史記

계속 나아가는
삶을 위한 역사 수업

김영수 지음

유노북스

들어가며

사기에서 삶을 밀고 나갈 힘을 발견하다

한 세대 넘게 거의 대부분의 시간을 《사기》와 사마천에 대해 공부하고 연구하면서 가장 많이 받은 질문 세 가지가 있다.

첫째, 사마천이 당한 궁형(宮刑)이란 어떤 형벌이며 왜 그런 형벌을 받아야만 했고 심지어 자청하였는가?

둘째, 왜 《사기》를 읽어야 하는가?

셋째, 왜 한 책과 한 사람을 30년 넘게 공부하고 있는가?

그러던 차에 《오십에 읽는 사기》를 집필해 달라는 제안을 받고 아주 대중적인 글을 쓰면서 새삼 이 세 가지 질문에 대하여 다시 생각하게 되었다. 그 답으로 머리말을 대신하면 어떨까 한다. 다만 첫 번째 질문에 대해서는 바로 뒤에 나오는 '15분 만에 이해하는 사마천의 삶과 《사기》'에서 따로 답하기로 한다. 여기서는 《사기》와 사마천을 평생 공부하게 된 인연을 소개하고, 50대와 오십을 앞둔 40대, 오십을 회고하는 60대를 위하여 왜 《사기》를 읽으면 좋은지와 그 고민에 대한 결과물로서 이 책이 갖는 의미와 구성을 간략하게 이야기하려고 한다.

사기에 평생을 바치기로 한 이유

나의 전공은 한국사, 그중에서도 고대 한중 관계사였다. 석사 논문은 고구려 초기 대외 관계에 대한 연구였다. 한국 고대사 공부에는 《사기》의 권115 〈조선열전〉이 필수이다. 〈조선열전〉은 기원전 108년에 망한 고조선의 멸망 과정이 담긴 아주 중요한 기록이다. 또한 기원전 108년은 사마천이 아버지 사마담의 삼년상을 마치고 태사령 벼슬에 취임한 해이기도 하다. 다시 말해 〈조선열전〉은 우리 역사 연구에서 무엇과도 비교할 수 없는 가장 중요한 1차 사료이다. 그런데 학교와 학계에서는 〈조선열전〉의 중요성을 애써 외면하거나 가르치지 않는다. 그 배경을 이야기하자면 너무 길어지므로 생략한다. 이 문제에 대해서는 이 책과 거의 동시에 출간되는 나의 책 《사마천, 사기 100문 100답》에서 비교적 상세히 다루었으니 참고하면 된다.

대외 관계사를 공부하던 나는 〈조선열전〉을 분석하면서 《사기》와 본격적으로 만났고 박사 과정에서는 《사기》는 물론 사마천이라는 인간 그 자체에 심취하였다. 그러다 1992년, 한중 수교가 이루어진 그해에 박사 과정을 마치면서 나는 한국사 전공을 포기하고 사마천과 《사기》를 통한 중국 공부로 방향을 틀었다. 석박사 과정에서 사마천과 《사기》, 그리고 중국이라는 나라의 막연하지만 거대하고 묵직한 존재감을 실감하였고 향후 중국이 우리 미래에 큰 영향을 줄 것이라고 확신하였다.

1998년 여름에는 꿈에도 그리던 사마천의 고향 섬서성 한성시에 남아 있는 사마천의 사당과 무덤을 탐방하였다. 그리고 이듬해에 첫 책 《지혜로 읽는 사기》를 출간하였다. 국내에서 사마천과 《사기》에 관한 첫 대중서였다. 같은 해에는 운 좋게 대학교에 자리를 틀었다.

그런데 그해 여름, 두 번째로 사마천의 고향을 찾은 나는 그때까지의 공부를 전부 엎고 다시 공부를 시작하였다. 사마천의 고향 마을 곳곳을 탐방하면서 내 공부가 얼마나 천박한지 절감하였기 때문이다. 그 후 몇 년 동안 사마천의 고향을 수시로 방문하여 곳곳을 취재하면서 한성시의 당국자와 한성시 시민, 사마천 후손들과 교류하였다. 그 사이 대학을 그만두었다. 2002년에는 한성시 사마천학회의 정회원이 되었다. 2006년에는 7년 만에 두 번째 책 《역사의 등불 사마천, 피로 쓴 사기》를 출간하여 그간의 공부를 정리하였다. 이 책을 바탕으로 2007년에 EBS에서 〈김영수의 사기와 21세기〉라는 TV 강연을 32차례 하였다. 그리고 그해에 사마천의 고향인 섬서성 한성시 서촌 마을의 명예 촌민이 되었다. 그때 내 나이 마흔아홉이었고 공교롭게도 사마천이 궁형을 자청한 나이였다.

그 후 기업체, 공공 기관 등 거의 모든 기관에 강의를 나갔고 사마천, 《사기》와 관련한 대중 역사서를 꾸준히 냈다. 오십을 넘기면서 인생의 전성기를 맞이한 셈이다. 사마천이 처절한 고통과 고독 속에서 《사기》를 완성해 가던 그 나이에 나는 인생의 절정기를 보냈다. 이 사실이 늘 마음을 무겁게 하였고, 이 마음 때문에 사마천의 생애와 《사기》를 다시 보고 공부할 수 있었다.

오십 이후 나는 점점 그 깊이와 넓이를 알 수 없는 사마천의 삶과 《사기》 한 자 한 자에 새삼 눈길이 갔다. 나이가 들수록 그 깊이에 빠져들었고 여러 번 보았던 내용이 다시 보이거나 전혀 새롭게 읽히는 매력을 알게 되었다. 2,000여 년 동안 많은 전문가가 '《사기》는 읽는 연령대에 따라 다른 느낌을 주는 책'이라고 내렸던 평가를 실감하고 있다.

60대에 접어들면서 나는 사마천에 거의 빙의되어 살고 있다. 《사기》를 전혀 다른 시각으로 보기 시작하였다. 몸에 돌을 품은 채 멱라수에 걸어 들어가 서서히 가라앉아 자결한 굴원의 정신세계에 짙은 감동을 받았고, 술꾼이자 건달 출신으로 7년 만에 황제가 된 유방의 일생을 술자리로 재구성할 수 있게 되었다. 전국시대 4공자 중 한 사람인 위공자 신릉군이 대량성 이문에 숨어 사는 현자 후영을 직접 모셔 오는 장면은 적어도 무비 카메라 세 대를 동원해야 구현 가능하다는 놀라운 점도 발견할 수 있었다.

당초 《사기》를 공부하면서 나는 10년 넘게 공부하면 헤엄쳐 나올 것이라 생각하였다. 그러나 《사기》와 사마천은 연못이나 강이 아니었다. 끝이 보이지 않는 바다였다. 나는 더 이상 헤엄쳐 나오기를 포기하였다. 남은 삶 역시 《사기》와 사마천이라는 바다를 헤엄치다가 그대로 가라앉기로 하였기 때문이다.

생의 한가운데에서
왜 사기를 읽어야 하는가

우선 앞서 소개한 나의 공부 과정 자체가 이 질문에 대한 하나의 답이 되지 않을까 한다. 실용적인 관점으로 볼 때 《사기》는 읽으면 도움이 된다. 600항목에 이르는 사자성어를 비롯하여 수준 높은 지식을 얻을 수 있고, 특히 '어떻게 살 것인가' 하는 아주 본질적이지만 추상적이고 피하고 싶은 질문에 대한 나름의 해답을 얻을 수 있다. 그 해답의 일부가 바로 이 책의 내용이기도 하다.

아주 세속적으로 말하자면 《사기》는 'FOB'를 다 갖춘 책이라고 할 수 있다. F는 'The First'이다. 사마천과 《사기》에 '최초'라는 수식어가 붙는 경우는 너무도 많아 꼽기가 힘들 정도이다. 사마천은 중국 역사상 최초의 본격적인 역사가 시대를 열었고 《사기》는 당연히 본격적인 역사서의 출발을 알렸다. 2,000년 중국 역대 공식 역사서 정사(正史)의 첫 책이기도 하다. O는 'The Only'이다. 최초인 경우가 많기에 유일한 기록도 많을 수밖에 없다. 그중 가장 자랑스러운 The Only는 '역사적 문학서요, 문학적 역사서'라는 전무후무한 평가이다. B는 'The Best'이다. '최고', '최상'이라는 타이틀 역시 많이 따른다. 사마천과 《사기》가 최고의 역사가이자 역사서라는 평가를 부인할 사람은 아무도 없을 것이다. 이 정도의 책이라면 읽을 만하지 않은가?

이 책은 FOB를 한 몸에 갖춘 사마천 《사기》를 중심으로 하여 오십이 만나고 부딪힐 여러 문제, 과제, 고민을 함께 생각하면서 풀어 나간다. 내가 오십에 만난 문제들과 모두 일치하지는 않지만 내 50대를 진지하게 회고하면서 사마천의 삶을 소환하였다. 그런 다음 《사기》에 나오는 다양한 인물과 관련 사례를 자신의 삶에 대입하여 비교하고 참고할 수 있게 꾸몄다. 50대에 만날 문제들의 정답이 아닌 해답을 사마천의 심경으로 제시하였다. 또 오십을 만나게 될 40대와 오십을 보낸 60대 이상의 독자들을 함께 생각하면서 써 보았다. 함께 제시한 《사기》의 원문들은 대부분 후대에 깊은 영향을 준 명언, 명구이다.

처음 이 책의 집필을 제안받은 뒤 나는 편집자에게 다음과 같이 제법 긴 문자를 보냈다. 오십을 향한 사마천의 마음을 이것으로 대신 전하면서 이 책의 머리말을 갈음한다.

"《사기》는 아픈 책입니다. 병이 나서 아프다는 뜻이 아닙니다. 아픈 영혼의 사마천이 아픈 마음으로 썼다는 뜻입니다. 《사기》는 슬픈 책입니다. 읽는 사람의 마음을 아프게 합니다. 읽으면 마냥 슬퍼집니다. 그럼에도 사마천은 웃음의 가치와 필요성을 빼놓지 않았습니다. 그래서 더 아프고 슬픕니다.

저는 요즘 사마천의 슬픔에 빠져 삽니다. 하지만 사마천의 슬픔은 그냥 슬픔이 아닙니다. 카타르시스를 주는 슬픔입니다. 한바탕 실컷 울고 나면 속이 후련해지고 자리를 툭툭 털고 일어나 힘

을 내듯이 사마천의 슬픔에는 그런 힘이 있습니다. 오늘도 사마천을 만나면서 그의 슬픔에 깃든 웃음의 의미를 헤아립니다. 그 슬픈 웃음 속에 가라앉아 있는 인생의 깊이에 함께 빠져듭니다. 사마천의 《사기》는 그런 슬픔을 겪은 사람들의 이야기입니다.

한 세대 넘게 《사기》를 공부하고 사마천을 그리워하며 살았습니다. 힘들 때마다 힘을 받았고 잘나갈 때는 겸손하라는 회초리도 맞았습니다. 이제 그 힘과 회초리를 여러분과 함께 나누고자 합니다. 팬데믹의 긴 터널을 빠져나왔지만 세상과 현실은 더 힘들어질 것 같습니다. 어떻게 살아야 할지 더 막막해질 수도 있습니다. 그렇다고 주저앉을 수는 없지요. 우리의 삶을 힘들고 막막하게 하는 자들이 만들어 놓은, 우리가 결코 원치 않았던 이 현실과 싸워 이겨야 합니다. 정의가 승리하려면 여러분이 떨쳐 일어나야 합니다. 거인이 되려면 거인의 어깨에 올라서지 않으면 안 됩니다. 사마천이라는 거인의 어깨를 여러분과 함께 밟아 보렵니다."

2023년 4월, 시리도록 푸르른 날에

김영수

차례 ——

2장

어떻게 나이의 힘을 기를 것인가

무게를 견딘 인생에 대한 이야기들

3장

인연을 어떻게 가꿀 것인가

사람 관계에 대한 이야기들

4장

무엇에 가치를 둘 것인가

가지고 싶은 것에 대한 이야기들

5장

다시, 어떻게 살 것인가

삶과 죽음을 넘어서는 이야기들

해설

15분 만에 이해하는 사마천의 삶과 《사기》

사마천은 어떤 사람인가

사마천과 《사기》를 잘 모르거나 처음 접하는 독자를 위하여 기본 정보를 드리고자 한다. 먼저 사마천은 역사가이다. 5,000년 중국사 최초의 역사가다운 역사가라 할 수 있다. 《사기》라는 3,000년 통사를 남겼기 때문이다. 《사기》 이전에도 역사서가 있기는 하였지만 체제를 제대로 갖춘 본격적인 역사서는 《사기》가 처음이다.

사마천은 기원전 145년 사관 집안에서 태어났다. 국가 기록을 관장하고 제왕의 언행을 기록하는 전문직 '태사령'이라는 벼슬을 세습한 집안이었다. 사마천이 최초의 역사가로 인정받는 이유에는 이러한 집안 내력도 포함된다. 사마천의 아버지 사마담은 아들이 역사가가 되어 역사서를 집필하기를 간절히 바랐다. 이를 위해 10세부터 고문(古文)을 배우게 하였고 13세부터 역사 현장을 함께 탐방하였다. 20세가 되자 사마천은 아버지의 권유로 당시 약 300만 제곱킬로미터(한반도의 약 15배)에 이르는 한나라 전역에 남은 역사 현장을 약 3년에 걸쳐 자기 발로 일일이 답사하는 대장정을 해냈다.

대장정에서 돌아온 사마천은 당대 최고 스승인 동중서와 공안국을 찾아 사사하는 등 제자백가의 여러 학문을 두루 익히며 학식을 높이는 한편 역사가로서 갖추어야 할 자질을 부지런히 쌓았다. 25세 무렵에는 예비 관료라고 할 수 있는 낭중이 되어 황제(무제)를 가까이에서 모시며 당대 최고의 인재들과 교류하였다.

그가 36세였던 기원전 110년에 아버지 사마담이 세상을 떠났다. 임종을 지킨 사마천은 반드시 역사서를 집필하라는 아버지의 유언을 눈물 흘리며 받들었다. 삼년상을 마친 기원전 108년, 38세의 사마천은 아버지의 뒤를 이어 태사령에 취임하였다. 기원전 104년인 42세 무렵 사마천은 다른 학자들과 함께 개정된 달력 '태초력'을 완성하였다. 이 태초력이 동양에서 2,000년 가까이 사용한 음력이다.

사마천은 43세 무렵부터 본격적으로 역사서 저술에 들어갔다. 그러나 늘 무제의 지방 순시에 동행하는 등 역사서 집필은 순조롭지 못하였다. 47세였던 기원전 99년에는 흉노와의 전투에서 항복한 젊은 장수 이릉을 변호하다가 황제의 심기를 건드려 옥에 갇히는 뜻밖의 사건이 발생하였다. 사건이 엉뚱한 방향으로 진행되어 48세 때 반역죄를 쓰고 사형을 선고받았다. 이 어처구니없는 상황에 사마천은 크게 낙담하여 자살을 수없이 생각하였으나 역사서를 완성해야 한다는 일념으로 살아 나갈 수 있는 방법을 고민하였다. 그리고 사형수가 사형을 면할 수 있는 치욕적인 방법이자 자신의 성기를 자르는 형벌, 궁형을 자청하였다. 그때 그의 나이 49세였다.

50세에 사마천은 사면을 받아 옥에서 풀려났다. 그런데 사마천에 씌워진 반역죄가 무고였음이 뒤늦게 밝혀졌다. 몸과 마음이 망가질 대로 망가졌지만 사마천은 초인적인 투혼을 발휘하여 역사서 완성에 몰두하였다. 지독한 고통과 고독, 그리고 고뇌 속에서 사마천은 말 그대로 혼신의 힘을 다하여 마침내 130권 52만 6,500자의 3,000년 통사 《사기》를 완성하였다. 그때를 기원전 91년, 그의 나이 55세 무렵으로 추정한다.

사마천은 역사서를 완성한 다음 해인 기원전 90년 56세에 세상을 떠난 것으로 본다. 사인은 자연사, 행방불명, 처형, 자살 등 여러 설이 있다. 후손들은 사마천이 역사서를 완성한 다음 또 황제의 심기를 건드려 처형되었다고 믿는다. 나는 억울한 누명을 씌워 사형을 선고하고 이로 인해 처형보다 더 치욕스러운 궁형을 자청하게 만든 무제의 심기를 사마천이 일부러 건드려 처형을 자처하였다고 생각한다. 그것이 사마천의 복수가 아니었을까.

《사기》란 무엇인가

사마천이 자신의 생명과 바꾼 역사서이자 중국, 중국사, 중국인을 제대로 깊게 알기 위한 필독서 《사기》는 최초의 통사이며 '기전체'라는 역사 서술 체제를 남겼다. 기전체란 《사기》를 구성하는 다섯 체제인 본기, 표, 서, 세가, 열전에서 본기의 '기', 열전의 '전' 두 글자를 딴 이름이다. 이 기전체는 사마천이 창안한 것이며 《사기》 이후 중국의 정사 24종(또는 25종)이 모두 이 체제를 따른다. 뿐만 아니라 우리나라를 비롯하여 일본, 베트남 같은 동양의 여러 나라에도 영향을 주었다. 우리의 경우 《삼국사기》와 《고려사》가 기전체로 기술되었다.

《사기》는 왕조, 인물, 제도와 문물, 연표를 유기적으로 결합한 전무후무한 역사서이다. 특히 수많은 인물의 생생한 행적을 통해 인간의 본질을 통찰한 '인간학의 교과서'로서 손색이 없다. 4,000명이 넘는 인물에 제왕을 비롯한 권력자뿐만 아니라 자신의 소신을 굽히지 않고 감동적인 삶을 살았던 수많은 보통 사람들까지 기록으로 남겼다. 내용은 물론 이 체제에 필적할 만한 역사서는 《사기》 이후로 아직 출현하지 않고 있다.

본기 총 12권은 전설시대 오제(五帝)로부터 역대 왕조(하, 은, 주, 진), 진시황, 항우, 유방을 비롯한 한 왕조의 제왕들에 대한 기록이다. 열 권의 표는 연표에 해당한다. 기록의 양에 따라 세대별로 기록한 표와 달을 단위로 상세히 기록한 표로 구분된다. 여덟 권의 서는 역대 제도와 문물에 관한 전문 기록이다. 예악, 군사, 천문, 법률, 역법, 제사, 수리 사업, 경제 등을 다룬다. 그중 경제를 전문적으로 기록한 〈평준서〉를 높이 평가한다. 30권의 세가는 제왕을 보좌하여 대세를 이끈 인물들과 춘추전국시대 제후국에 관한 귀중한 기록이다. 중국사에서 가장 중요한 시기인 춘추전국시대를 이해하려면 반드시 읽어야 할 부분이다. 70권의 열전은 《사기》의 백미이다. 권세를 누렸던 관리들을 비롯하여 거의 모든 직업의 수많은 보통 사람이 주인공이다. 심지어 킬러들의 기록인 〈자객열전〉, 유머와 풍자로 권력자들을 조롱하였던 코미디언들의 기록인 〈골계열전〉, 점쟁이들의 기록인 〈일자열전〉, 오늘날 정치 검찰의 행적을 방불케 하는 〈혹리열전〉 등 실로 다양하고 의미심장하다. 특히 사마천은 자신의 뜻을 굽히지 않고 정의롭게 살아 이름을 남긴 사람들의 거룩한 행적을 빼놓지 않았다. 또 역대 부자들의 치부(致富) 방법과 그 부를 사회에 환원하는 노블레스 오블리주를 실천한 사람들의 행적을 〈화식열전〉으로 남기는 기적을 연출하기도 하였다. 열전은 《사기》 130권 중 가장 진보적인 역사관을 고스란히 보여 주는 부분이다.

《사기》는 역사와 문학의 경계를 넘나든 남다른 역사서이기도 하다. 이 때문에 '문학적 역사서요, 역사적 문학서'라는 최고의 찬사가 따른다. 이 남다른 성취 때문에 훗날 소설의 출현과 특히 무협 소설의 발전에 지대한 영향을 미쳤다. 《삼국지연의》가 곧 《사기》라는 논평까지 나올 정도로 《사기》가 중국 소설사에 미친 영향은 절대적이다.

《사기》의 서술 방법 또한 상상을 초월한다. 사마천은 역사서를 통해 자신의 울분을 대신하고, 나아가 자신에게 수모를 준 권력자에게 복수하는 이른바 '문화 복수'를 실현하였다. 사마천은 이를 위해 서술에 복잡하고 다양한 장치를 마련하여 검열을 피하였다. 직유와 은유를 비롯한 다양한 비유법은 물론 도치법, 반어법, 상징법, 나아가 추리 소설 기법까지 동원하였다. 이 때문에 《사기》는 '난서(難書)'라는 별칭을 얻었지만 이런 점이 도리어 《사기》의 매력으로 꼽힌다.

《사기》는 위대한 인간 승리의 표본이다. 억울하게 사형 선고를 받고 살아남아 역사서를 완성하기 위하여 궁형을 자청한 사마천의 처절하지만 위대한 선택의 숭고한 결과물이다. 그래서 나는 《사기》를 사마천의 '피로 쓴 역사서'라고 말한다. 사마천은 시대가 자신에게 지운 책임감을 온몸으로 감당해 낸 참다운 지식인의 모범이고, 《사기》는 그런 사마천의 영혼이다.

1장

인생을 어떻게 생각할 것인가

| 계산되지 않는 인생에 대한 이야기들 |

한순간도 가볍지 않다

《사기》의 시간

현명한 사람은 자신의 죽음을 정말 소중하게 여긴다.

賢者誠重其死

현자성중기사

권100 〈계포난포열전〉

내 인생을 계산할 수 있다면 계산대로 살겠는가? 아니면 거부하겠는가? 선택이 가능하다면 아마 대부분이 먼저 계산된 대로 살아 보겠다고 할 것 같다. 하지만 안타깝게 이런 선택은 주어지지 않는다. 그래서 계산대로 되지 않는 인생이라고 한다. 계산이 아니라 계획이 더 맞는 말인지도 모르겠다.

계산대로, 계획대로 되지 않는 인생이라면 굳이 어떻게 살 것인가 하는 고민이 필요할까? 이렇게 생각해 보자. 계획한 대로 흘러가는 삶이라면 어떻게 살 것인지 의문을 던질 필요도 없고 고민할 필요도 없지 않은가? 계획한 대로, 계산한 대로 안 되기에 '어떻게'라는 질문을 던진다. 그리고 '어떻게'라는 질문은 '왜'라는 질문을 함께 불러온다.

태어나 살아가는 존재가 사람이고 살다가 죽는 것이 인생이다. '인생'에는 두 가지 뜻이 있다. '사람이 태어나다'라는 뜻과 '사람이 살다'라는 뜻이다. '인생'이라는 단어에는 삶을 의미하는 '생(生)'만 있을 뿐 죽음을 의미하는 '사(死)'는 없다. 그럼에도 우리는 '인생' 하면 자연스럽게 죽음도 함께 떠올린다.

'사람 사는 게 그렇지 뭐!'

우리가 자주 듣는 말이다. '인생이 다 그렇지 뭐!'를 우리말로 풀어놓은 것인데 한결 와닿는다. 그런데 사람 사는 것이 뭐 어떻다는 말인가? 이 질문은 떠올리기만 해도 눈앞이 막막해진다. 지난 세월을 더듬고 남은 시간을 헤아려야 하기 때문이다. 그러다 보면 내가 어떻게 살아왔는지 되돌아보게 되고 앞으로 어떻게 살아가야 할지 생각하게 된다. 머리가 아프고 심란하다.

부처는 왕자의 몸으로 스물아홉에 출가하여 서른다섯에 깨달음을 얻었다. 6년의 고행 끝에 부처가 얻은 깨달음은 젊었을 때부터 품었던 생로병사에 대한 고민이 다 부질없다는 것이었다. 그 문제는 아무리 고민하고 탐구해도 해결할 수 없다는 결론을 내린 셈이다.

태어나고 늙고 병들고 죽는 문제를 해결할 길은 없다. 물론 인위적으로 출생을 조절하고 노화를 방지하고 수많은 병을 고쳐 죽음을 늦추어 왔지만 생로병사라는 '사고(四苦)'에서 벗어날 수는 없다. 부처는 생로병사를 원초적인 고통으로 보고 네 가지 고통, '사고'라고 불렀다. 그러면서도 불교에서는 '일체유심조(一切唯心造)', 즉 세상 모든 것은 마음이 만들어 내는 것이라며 마음의 작용을 강조하였다. 얼핏 모순되어 보이지만 사고를 비롯한 일체가 다 마음에서 나오는 것이라면 '마음먹기 달렸다'는 아주 쉬운 말이 곧 부처의 깨달음이라는 생각이 든다.

매 순간을 살아야 모든 삶을 산다

사마천은 처형을 앞둔 입사 동기 임안에게 보낸 편지에서 이렇게 썼다.

"제가 법에 굴복하여 죽임을 당한다 하여도 '아홉 마리 소에서 털 오라기 하나가 없어지는 것'과 같습니다."

사마천은 해야 할 일이 남았음에도 가볍게 목숨을 버리는 일은 아홉 마리 소에서 털 오라기 하나 없어지는 '구우일모(九牛一毛)'와 다름없다고 하였다. 사마천 역시 억울하게 사형을 선고받았지만 살아남아 역사서를 완성하기 위해 그 어떤 형벌보다 치욕스러운 궁형을 자청하였다. 이 때문에 사마천은 삶과 죽음이 교차하는 순간을 시도 때도 없이 겪었다. 당시 그에게는 매 순간이 죽음이었고 매 순간이 삶에 대한 갈망이었다. 이제 태어났으면 누구도 피할 수 없는 생사의 문제로 이야기를 시작해 본다.

"나무에 가위질을 하는 것은 나무를 사랑하기 때문이다. 부모에게 야단맞지 않고 자란 아이는 똑똑한 사람이 될 수 없다. 겨울의 추위가 심할수록 오는 봄의 나뭇잎은 한층 푸르다. 사람도 역경에 단련되지 않고서는 큰 인물이 될 수 없다."

어렸을 때 집 벽에 걸려 있던 낡은 액자 속의 글귀이다. 왜 여태 기억하는지는 알 수 없지만 지은 책에 인용하기도 하며 인생을 줄곧 함께하였다. 나중에 출처를 찾아보니 정치가이자 교육

가이며 과학자였던, 미국 건국의 아버지로 불리는 만능인 벤저민 프랭클린의 명언이었다.

또 하나 기억나는 명언은 중학교 때부터 수시로 들었던 것이다. 우리에게 '주자'라는 존칭으로 더 알려진 중국 송나라의 유학자 주희가 쓴 〈권학문〉의 첫 구절이다. 이 구절의 첫 번째 문장과 두 번째 문장이 유난히 머릿속에 남아 있다.

젊은이는 쉬 늙지만 배움을 이루기는 어렵다.
한순간이라도 가볍게 여기지 마라.
연못가의 봄풀이 꿈에서 채 깨기도 전에
계단 앞 오동나무 잎은 가을을 알린다.

少年易老學難成. 一寸光陰不可輕.
未覺池塘春草夢, 階前梧葉已秋聲.
소년이로학난성. 일촌광음불가경.
미각지당춘초몽, 계전오엽이추성.

우리는 평범한 인간이기에 시간을 초월할 수 없다. 인생을 초월할 수도 없다. 인생이 곧 시간이기 때문이다. 하지만 이 유한한 시간을 얼마든지 활용할 수는 있다. 내게 주어진 하루 24시간에 충실한 삶, 눈앞에 닥친 당장의 몇 시간을 슬기롭게 활용하는 삶. 이것이 "한순간이라도 가볍게 여기지 마라"라는 주희의 말이 뜻하는 바가 아닐까?

사마천과 《사기》가 오십에게 전하는 인생 이야기에 앞서 가볍게 생각해 보았다. 이 두 사람의 말에 전적으로 동의하지는 않지만 50년 넘게 머릿속에 남아 있는 것이 신기하고 의아해서 살을 붙였다.

천명에 대하여 생각한다

공자의 오십

대체 하늘의 도라는 것이 정말로 이런 것인지?

儻所謂天道是邪非邪

당소위천도시야비야

권61 〈백이열전〉

가수 김광석이 부른 〈서른 즈음에〉의 가사를 읊조리다 보면 화자가 너무 조숙하다는 느낌을 받고는 한다. 떠나간 사랑을 회고하는 노래라고 하지만 마치 인생을 회고하는 것 같다는 인상을 지울 수 없다. 인생이 그렇다. 지난 인생을 되돌아보는 회고(回

顧) 내지 회고(懷古)는 나이 오십이 아니더라도 얼마든지 할 수 있다. 옛 성현들도 지나간 일을 돌이켜 생각하고는 하였다. 다만 그들의 회고는 그 명성과 남긴 글 때문에 많은 사람의 입에 오르내릴 뿐이다. 그중에는 지금 봐도 마음을 울리는 대목이 많다.

공자가 천하를 떠돌 때 잠시 머물렀던 집이 있었다. 위(衛)나라 대부 거백옥의 집인데, 공자는 평소 그를 존경하였다. 만년에 거백옥은 자신의 인생을 회고하며 "나이 오십에 마흔아홉까지 잘못 살았음을 알았다"라는 유명한 말을 남겼다. 이런 깨달음 때문에 거백옥은 자신의 허물을 고치는 데 평생 힘썼고 나아감과 물러남이 분명하였다.

공자는 칠십에야 인생의 깊이를 들여다보았다

노년에 자신의 인생을 회고한 선현의 말을 하나 꼽으라면 공자의 말을 들고 싶다. 공자는 73세에 세상을 떠났다. 그가 세상을 떠나기에 앞서 자신의 칠십 평생을 단 38자로 압축한 말이 《논어》〈위정〉에 남아 있다.

나는 열다섯 무렵에 배움에 뜻을 두었고, 서른 무렵에 내 뜻을 세

웠고, 사십 무렵에는 흔들리지 않게 되었고, 오십 무렵에는 천명을 알게 되었다. 육십 대에는 남의 말이 순수하게 들렸고, 칠십이 넘자 마음 가는 대로 따라가도 이치에 어긋나지 않게 되었다.

吾十有五而志于學, 三十而立, 四十而不惑, 五十而知天命, 六十而耳順, 七十而從心所欲不踰矩.

오십유오이지우학, 삼십이립, 사십이불혹, 오십이지천명, 육십이이순, 칠십이종심소욕불유구.

공자는 기원전 551년에 태어나 기원전 479년에 73세의 나이로 세상을 떠났다. '칠십 평생'이라는 말에 딱 맞는 나이만큼 살다 갔다. 이 38자의 회고록은 칠십을 넘긴 공자가 자신의 인생을 회고하면서 제자들에게 구술한 것으로 추측된다. 세상을 떠나기 전에 마지막으로 삶을 정리하면서 감개무량한 심경을 고백한 것인지도 모르겠다. 한 개인의 일생을 38자로 압축한 것은 물론 인간의 성숙 과정과 단계를 깊게 성찰하여 정리한 한 편의 정신사라 할 만하다.

이 정신사적 회고록은 만년에 접어든 공자의 자술인 만큼 역대 가장 숱한 해석과 해설, 과분한 평가가 따랐다. 예컨대 15세 때 공부에 뜻을 두었다고 한 대목을 인생에 눈을 뜨고 세계관의 탐구에 자주적으로 뜻을 세웠다는 식으로 해석하거나, 서른 무렵 뜻을 세웠다는 대목을 공자가 서른 무렵 천하적 세계관에 도달하였다는 식으로 다소 황당하게 해설하였다.

공자는 열다섯 무렵에 공부를 좀 해야겠다는 마음을 먹었고, 서른 무렵에는 자신이 무엇을 해야 할지 뜻을 세웠으며, 40대에는 강한 책임감과 주관을 가지게 되어 엉뚱한 유혹에 흔들리지 않았으며, 오십에 접어들면서는 세상사 돌아가는 이치를 알게 되었고, 60대에는 남의 말을 있는 그대로 순수하게 받아들일 수 있었다.

40대 '불혹'의 공자는 〈자한〉과 〈헌문〉의 "지혜로운 사람은 유혹에 흔들리지 않는다"라는 대목과 연관이 있으며, 60대 '이순'의 공자는 〈헌문〉의 "하늘을 원망하지도 않고 사람을 탓하지도 않는다"라는 말과 같은 맥락에 있는 것 같다. 70대가 되어 만년에 접어든 공자는 마음 가는 대로 말하고 행동해도 남의 마음을 상하게 하지 않거나 사회에 어떤 피해도 주지 않게 되었을 것이다.

이 정도의 해석이면 무난하지 않을까 한다. 어떤 해석이든 간에 한 가지 분명한 사실은 공자가 칠십에 접어들어 자신의 인생을 깊게 성찰하였다는 것이다.

공자는 사마천에게
어떤 어른이었나

공자를 누구보다 존경하였던 사마천은 20세 무렵에 천하의 역사 현장들을 탐방하면서 공자의 고향 곡부에 들러 공자와 관련된 유적지를 찾았다. 그렇게 해서 남긴 기록이 《사기》의 〈공자세가〉이다. 사마천은 "높은 산은 우러러보고 큰길은 따라간다(高山仰止 景行行止, 고산앙지 경행행지)"라는 《시경》의 구절을 빌려 공자를 향한 자신의 무한한 존경심을 대신하였다. 특히 공자가 곤경에 처한 상황에서도 《춘추》를 저술한 사실에서 큰 용기를 얻어 자신도 궁형이라는 치욕스러운 형벌을 당하였음에도 분발하여 《사기》를 완성할 수 있었다고 회고한다.

공자는 흔히 생각하는 것처럼 근엄하고 고지식한 사람이 아니었다. 그는 곤경에 처해도 웃음과 유머를 잃지 않았다. 한번은 공자가 제자들과 길이 엇갈린 적이 있었다. 누군가가 공자를 찾는 제자들에게 동문에서 공자처럼 생긴 사람을 보았다며 그 모습을 묘사하였는데 행색이 영락없이 '집 잃은 개(喪家之狗, 상가지구)' 같더라고 하였다. 헤어졌던 제자들과 만나 이 이야기를 전해 들은 공자는 "다른 건 몰라도 집 잃은 개 같다는 말은 그럴듯하구나"라며 껄껄 웃었다. 참고로 국내 관련서들은 대부분 '집 잃은 개'를 '상갓집 개'로 번역하고 있다.

공자는 또 음악 연주를 듣고 나면 꼭 박수를 치며 앵콜을 청하는 센스 만점의 선생님이었다. 제자들이 오늘날 정치가들에 대해 어떠냐고 묻자 "아, 그 쩨쩨한 인간들은 인간 축에도 끼지 못한다"라며 통렬하게 욕할 줄 아는 열정도 가지고 있었다. 또 누군가가 "공자는 정말 위대하다. 그렇게 박학다식하면서 특기 하나 없으니"라고 비꼬자 "나한테 무슨 특기라도 가르쳐 주려고? 말을 탈까? 아니면 활을 쏠까? 아무래도 말을 타는 것이 낫겠지"라며 위트 있게 받아넘기는 인간미 넘치는 사람이기도 하였다. 공자는 그렇게 늙어 갔다. 유머와 위트, 열정과 38자의 자기 성찰과 함께.

대영 제국의 통치자였던 빅토리아 여왕은 자신의 죽음이 임박하였음을 알고는 "나 할 만큼 했어"라는 유언을 남겼다. 그녀는 대영 제국의 최고 통치자였지만 자신이 불완전한 인간임을 알고 있었다. 그래서 늘 최선을 다해 노력하였다. 이것이 인생에 대한 겸손함이며 삶에 대한 성찰이다.

공자는 평생 자신의 정치적 이상을 현실에 적용하기 위해 무던 애를 썼지만 시대는 공자의 이상을 받아 주지 않았다. 그래서 공자의 정치·사회 활동은 실패작이었다고들 한다. 하지만 38자의 회고록에서 느껴지는 공자의 성찰은 그 실패를 충분히 만회하고도 남을 만큼 의미심장하다. 한 인간의 성숙 단계가 진솔하게 드러나 있는 것은 물론, 그 과정에 동반된 노력과 열정이 강하게 느껴지기 때문이다. 그가 만년에 교육 봉사 쪽으로 방향을 잡은 것도 어쩌면 자기 성찰에 따른 자연스러운 결론이었을 것이다. 공자는 정치가로서 뜻을 펼치지 못하였지만, 수십 년 동안 천하를 주유하면서 세상과 인간을 탐구하고 평생 끊임없이 자신을 성찰한 결과 만세사표(萬世師表)가 되어 영생을 얻었다.

우리도 인생을 10년 단위로 끊어 짤막하게 개관해 보면 어떨까. 정치적 야욕으로 온갖 치장을 더한 거창한 자서전, 남이 대신 써 주는 대필 자서전, 미사여구와 자화자찬으로 가득 찬 낯 뜨거운 회고록, 이념에 매몰된 채 자기와 다른 사람들을 사정없이 물어뜯는 애처로운 하이에나식 회고록 따위 말고 진솔하게 자신의 생을 성찰하는 짧은 경구 같은 자서전 말이다.

38자의 회고록에서 공자는 오십과 관련하여 '지천명'이라고 말하였다. 이 대목을 흔히들 오십이면 '천명을 안다'라고 번역하고 있지만 실은 오십 무렵 '천명, 즉 운명에 대해 생각하기 시작하였다'라고 보아야 하지 않을까? 그리고 50대 내내 운명의 본질을 깨닫기 위해 노력하였다는 뜻으로 해석하면 어떨까?

시간은 그냥 지나가지 않는다

사마천의 회고

대야를 머리에 이고 하늘을 쳐다보듯이 (바쁘게) 살았다.

戴盆望天

대분망천

사마천, 〈보임안서〉

공자 이야기를 좀 더 해 보자. 공자가 남긴 38자는 동서양 위인들이 남긴 회고록 가운데 가장 간명한 회고록이다. 회고록의 한자는 '回顧錄'이다. 풀이하면 '되돌아보다' 또는 '되돌아본 기록'이라는 뜻이다. '懷古'라는 한자로 이루어진 회고도 있다. '옛 자취,

즉 과거를 생각한다'로 풀이하는데, 이때 '회' 자는 '마음에 품은 생각'을 뜻한다. 공자의 38자와 우리가 자신의 인생을 되돌아보는 것에는 이 '회고(懷古)'가 더 어울릴 것 같다.

미국의 제16대 대통령 링컨은 "나이 사십이면 자기 얼굴에 책임을 져야 한다"라는 명언을 남겼다. 그런데 공자는 한술 더 떠 "나이 사십이 되어 남에게 미움을 받으면 그것으로 끝장이다"라는 극언을 남겼다. 그러면서 이렇게도 말하였다.

나중에 태어난 젊은이들이 두렵다. 어찌 뒤에 오는 사람이 지금 우리보다 못하다고 하겠는가? 그러나 사십이나 오십이 되도록 이름이 나지 못한다면, 그 또한 두려워할 것이 못 된다.

後生可畏. 焉知來者之不如今也? 四十五十而無聞焉, 斯亦不足畏也已.

후생가외. 언지래자지불여금야? 사십오십이무문언, 사역부족외야이.

《논어》〈자한〉

맨 첫 문장이 그 유명한 "후생가외"라는 사자성어의 출처이다. 공자는 치고 올라오는 후배들이 두렵다면서 이들이 지금의 자신보다 어찌 못하다고 할 수 있겠느냐고 반문하였다. 당연한 말씀이다. 장강의 뒤에 오는 물이 앞의 물을 밀어내는 것이 자연의 이치이자 세상사의 이치 아니던가. 그런데 공자는 한마디를 덧붙였다. 나이 사십에서 오십에 이르도록 자기 이름으로 무언가를 못 해낸 사람은 겁낼 것 없다고. 이 말은 후배들을 향한 강력한 격려이자 경고처럼 들린다. 너희가 당연히 두렵지만 사오십 되도록 해 놓은 것이 없다면 하나도 겁나지 않으니 노력하여 자신의 무언가를 성취하라. 이런 말일 것이다. 그래서일까. 공자는 40대에는 '불혹(不惑)', 즉 흔들리지 않아야 한다고 말하였다.

지금 우리는 오십에 관하여 이야기를 나누고 있다. 하지만 인간의 나이는 10년 단위, 세대 단위로 딱딱 자를 수 없다. 사람은 태어난 한 살 때부터 죽는 순간의 나이까지 모든 나이의 시간이 겹쳐진다. 태어나는 순간부터 죽기 전까지의 나날이 모두 그 죽음의 순간에 겹쳐진다는 말이다. 이를 아주 잘 나타내는 것이 '세 살 버릇 여든까지 간다'는 우리 속담이다. 인생은 교집합이다.

켜켜이 겹쳐진 시간을 펼쳐 보는 것의 의미

회고는 지금 이 순간 내가 살아온 시간을 되돌아보는 것이다.

거꾸로 겹쳐 보는 것이다. 과거로 돌아가 삶의 흔적을 곱씹는 이 회고의 기회가 오십에 접어들면 잦아지는 모양이다. 왜일까? 나는 이를 〈빽 투 더 퓨처(Back to the Future)〉라는 영화의 제목을 빌려 설명하고는 한다. '미래로 돌아간다'는 뜻인데, 과거를 돌아보는 회고를 통해 미래를 생각하게 되기 때문이다. 미래에 대한 걱정과 두려움 때문에 과거로 돌아가 보는 것이다. 과거로 돌아가 '혹시 내가 찾는 해답이 없을까?' 하는 막연한 기대감을 갖는 것이다. 막연하다고 해서 무모하거나 무의미한 행위는 결코 아니다. 오히려 이런 기회를 진지하게 가지라고 권하는 바이다.

회고는 기억을 통해 역사를 쓰는 행위이기도 하다. 역사는 단순히 과거에 남겨진 흔적이 아니다. 그 안에는 자신의 영욕과 애환이 곳곳에 도장처럼 박혀 있다. 그것이 상처일 수도 있고 자랑스러운 트로피일 수도 있다. 그것을 되새기며 '과연 나는 잘 살았는가?', '후회스러운 일은 없는가?', '지금 나의 모습은 어떤가?', '남은 시간, 즉 앞으로의 삶을 어떻게 꾸릴 것인가?'를 묻는 것이다. 다시 말해 회고란 지금 내 모습에 대한 진단과 미래에 대한 설계가 함께 진행되는 것이며 이것이 역사 공부의 방법이자 본질이기도 하다.

역사 공부는 우리에게 두 가지 선물을 선사한다. 하나는 상황 대처 능력이다. 역사는 수많은 경우의 수를 보여 준다. 수천 년 역사에 기록된 경우의 수, 즉 사실들을 보면서 우리는 상상력과 의문을 동원하여 당시의 상황을 이렇게 저렇게 바꾸어 시뮬레이션할 수 있다. 그러면 기록된 사실과는 다른 경우의 수를 끌어낼 수 있다. 이것이 쌓이면 자연스럽게 내가 만나는 여러 상황에서 슬기롭게 대처할 수 있는 힘이 생긴다.

상황 대처 능력과 시뮬레이션을 통해 축적된 많은 데이터로는 앞날, 즉 미래를 예측할 수 있게 된다. 상황 대처 능력과 미래 예측 능력, 이 두 가지 힘이 생기면 미래에 대한 막연한 두려움과 염려는 당연히 크게 줄어들거나 사라진다. 역사 공부가 주는 귀중한 선물이 아닐 수 없다.

이 때문에 50대에 접어들어 역사 공부에 눈을 뜨는 경우가 많다고 한다. 그러고 보니 역사를 공부하는 나의 독자층도 50대가 가장 많다. 다들 잘 하고 있겠지만 그래도 한 번 더 권하고 싶다. 역사책을 많이 읽으시라. 역사는 그냥 지나간 시간이 아니다. 현재를 비추는 거울이자 미래의 나침반이다. 즉 'Back to the Future'이다. 시간 내서 영화도 보시라.

미미한 것을 보고도 드러날 일을 알아야 한다

기자의 판단

미미한 것을 보고 드러날 일을 안다.

見微知著

견미지저

권38 〈송미자세가〉

나이가 들고 직급을 비롯한 사회적 위치가 높아질수록 판단을 내려야 하는 상황이 많아진다. 나아가 판단의 결과를 간결하게 말이나 글로도 나타낼 수 있어야 한다. 이것은 당연한 수순이다.

판단력이란 상황에 대하여 결정을 내리는 힘을 말한다. 결정의 앞 단계이기 때문에 판단이 정확해야 결정도 정확해진다. 판단력은 가지고 있는 정보에 대한 분석력일 뿐 아니라 보이지 않거나 드러나지 않는 심층 정보를 통찰하는 고차원적인 행위이다.

판단과 결정에는 책임이 따른다. 이 때문에 판단이 어렵다고 한다. 하지만 책임질 자세가 되어 있다면 판단을 꺼리거나 두려워할 까닭이 없다. 책임질 자세가 되어 있다는 말은 자신감이 있다는 말의 다른 표현이다. 자신감은 일에 대한 정확한 정보와 경험으로 축적되고 검증된 일 처리 방법을 갖고 있을 때 생긴다.

앞서 우리는 역사 공부가 선사하는 미래 예견 능력에 대해 말하였다. 이 힘은 점이나 주술 따위에 기대는 미신이 결코 아니다. 정확한 데이터와 통찰력을 바탕으로 하는 실용적이고 과학적인 능력이나 다름없다. 사마천은 역사를 기록하는 목적에 대하여 "술왕사, 사래자(述往事, 思來者)"라고 말하였다. '지난 일을 기록하여 다가올 일을 생각한다'는 뜻이다. 사마천이 말한 '지난 일'에는 현재 벌어지는 일도 당연히 포함된다.

은나라의 멸망을 예견한 기자의 판단

중국의 두 번째 왕조인 은나라는 마지막 임금인 주(紂)에 이르러 멸망의 조짐을 보이기 시작하였다. 주 임금은 온갖 악법과 잔혹한 형벌로 백성의 입을 막았고 달기라는 여자를 총애하면서 '주지육림(酒池肉林)'으로 대변되는 음탕한 생활에 빠졌다. 충직한 대신들이 충고하였으나 소용없었다.

당시 비간, 미자와 함께 세 현자로 꼽혔던 기자는 주 임금이 식사하는 모습을 보고 은나라의 멸망을 예견하였다. 대체 무엇을 보고 한 나라의 멸망을 예견하였을까? 놀랍게도 주 임금이 사용하던 상아 젓가락이었다. 식사 때 사용하는 젓가락을 보고 나라의 멸망을 예견하였다는 것이 언뜻 납득이 가지 않지만 기자의 예견에는 나름의 근거가 있었다.

당시 은나라에는 코끼리가 없었다. 그러니 당연히 상아로 만든 젓가락도 있을 수가 없었다. 저 먼 남방이나 동남아에서 수입해야만 하는 귀중한 물건이었다. 이 때문에 기자는 일상의 식사에서 귀중한 물건을 사용하는 주 임금이라면 무슨 일이든 할 수 있다고 판단하였다. 더욱이 주 임금은 방탕한 일상과 폭정을 일삼고 있었으니 기자의 이런 예견은 충분히 가능하였을 것이다. 물론 기자의 예견이 주 임금의 폭정이 심각해지기 전에 나왔는지 후에 나왔는지는 알 수 없지만 어느 쪽이든 기자가 작은 일을 보고 다가올 일을 예견한 것만은 분명하다.

기자의 이런 예견을 사마천은 "견미지저(見微知著)"라고 기록하였다(기자의 견미지저는 《한비자》를 원전으로 한다). '미미한 것을 보고 드러날 일을 안다'는 뜻이다. 우리가 흔히 하는 '하나를 보면 열을 안다'는 말이 이와 비슷하다. 미미한 것을 보고 깨끗하고 흐린지를 안다는 의미의 '견미지청탁(見微知淸濁)'이라고도 쓴다.

견미지저는 기자의 통찰력을 잘 나타내는 성어이자 이를 통해 역사의 미래 예견력을 강조하려 했던 사마천의 뜻이 반영된 성어이다. 이것이 앞서 인용한 사마천의 "술왕사, 사래자"이다. '지난 일을 기록하여 다가올 일을 생각한다'는 이 말에서 '생각한다'가 곧 판단이자 통찰이다. 그러려면 기자처럼 조짐을 읽는 힘을 길러야 한다. 조짐의 순 우리말은 '낌새'이다.

'Read between the lines'라는 영어 격언이 있다. '행간을 읽어라'라는 뜻으로, 글에 함축된 또 다른 뜻을 간취하라는 의미이다. 같은 뜻의 한자 성어로는 '안광철지배(眼光徹紙背)'라는 좋은 표현이 있다. '눈빛이 종이 뒤를 뚫다'라고 직역할 수 있다. 역시 문장의 진정한 의미를 꿰뚫으라는 뜻이다.

인간과 사물에는 정면뿐만 아니라 측면과 후면이 있고 이면이 있다. 눈에 보이는 면을 제대로 보는 일도 중요하지만 정확한 판단을 위해서는 드러나지 않은 이면을 읽어 내는 훈련이 필요하다. 그러려면 얼핏얼핏 드러나는 낌새를 읽어 낼 줄 알아야 한다. 당연히 공부를 해야 한다. 오십은 욕구가 가장 왕성한 나이이기에 당연히 공부에 대한 욕구도 왕성하다. 생각하면서 공부하자.

한 자가 한 치보다 짧을 수도 있다

백기와 왕전의 잣대

행동을 잘하는 사람이 말까지 꼭 잘하는 것은 아니며,
말을 잘하는 사람이 행동까지 꼭 잘하는 것은 아니다.

能行之者 未必能言, 能言之者 未必能行

능행지자 미필능언, 능언지자 미필능행

권65 〈손자오기열전〉

《맹자》〈만장〉은 전국시대 유가 사상가를 대표하는 맹자와 제자 만장의 대화록이다. 맹자는 공자처럼 여러 나라를 다니며 군주들에게 자신의 정치적 이상을 피력하였으나 이를 받아들이는 사람이 없었다. 맹자는 만년에 자신의 사상과 신념을 제자들에게 강론하였다. 만장은 그 무렵 맹자의 대표적인 제자 중 한 사람이었다. 〈만장〉 하편에 맹자가 만장에게 이렇게 말한 대목이 있다.

"한 마을의 좋은 인재가 다른 한 마을의 좋은 인재를 벗 삼고, 한 나라의 좋은 인재는 한 나라의 다른 좋은 인재를 벗 삼으며, 천하의 좋은 인재는 천하의 또 다른 좋은 인재를 벗 삼는다. 천하의 좋은 인재를 벗 삼아도 오히려 부족하다면 위로 옛 사람을 논의해야 하니, 그 시를 감상하고 책을 읽으면서 그들을 모른다면 되겠는가? 그러므로 그 시대를 논하는 것인데, 이는 시대를 거슬러 올라가 벗을 사귀는 것이다."

맹자는 가까이 있는 좋은 사람을 벗 삼고 천하의 좋은 인재를 벗 삼아도 부족하다면 옛날 사람들의 시를 감상하고 그들의 책을 읽으라고 권하였다. 시대를 초월하여 과거의 인물과 그들이 남긴 좋은 글을 벗 삼으라는 뜻이기도 하다. 이 구절에서 '사람을 알고 시대(세상)를 논한다'는 의미의 유명한 고사성어 "지인논세(知人論世)"가 탄생하였다.

맹자는 '지인논세' 하려면 천하의 좋은 사람을 벗 삼고 시를 감상하고 책을 읽어야 한다고 말하였다. 이는 나이가 들면서 나름대로 가지게 되는 사람과 세상에 대한 잣대에 좋은 계시가 될 수 있다. 잣대란 대개 자신의 경험에서 나오는 고정 관념으로 인한 기준인 경우가 많기 때문이다. 그래서 잣대의 눈금은 정확한데 특정한 사물과 일정한 상황밖에 재지 못하는 경우가 많아진다.

사실 인간사와 세상사를 재는 데 눈금이 정확한 잣대란 있을 수 없다. 그래서 사마천은 '한 자가 짧을 수도 있고 한 치가 길 수도 있다'는 "척단촌장(尺短寸長)"이라는 천고의 명언을 남겼다. 한 자는 대략 30센티미터이고 한 치는 3센티미터 정도이다. 그런데 사마천은 한 자가 한 치보다 짧을 수 있고 한 치가 한 자보다 길 수도 있다고 말하였다. 쉽게 말해 세상사 이치가 상대적이라는 것이다. 이 성어에 대하여 알아보자.

누구에게는 보태 주어야 하고
누구에게는 덜어 주어야 하는 이치

전국시대 초나라의 애국 시인 굴원은 〈복거〉에서 "무릇 한 자가 짧을 때도 있고 한 치가 길 때도 있다"라고 하였다. 사마천은 〈백기왕전열전〉에서 이 말을 되풀이하며 관련된 사례를 이야기하였다.

"속담에 '한 자가 짧을 때도 있고 한 치가 길 때도 있다'고 하였다. 백기는 적을 잘 헤아리고 임기응변에 능하여 기발한 꾀를 무궁무진하게 내니 그 명성이 천하를 울렸다. 그러나 응후라는 인물에 제대로 대처하지 못하였다. 왕전은 진나라 장수가 되어 6국을 평정하였으며 노장이 되어서는 진시황이 스승으로 모셨다. 그런데 진왕을 잘 보필하여 덕을 세워 그 근본을 튼튼하게 하지 못하고 그저 평생 왕의 뜻에 아부해 자신이 받아들여지기를 꾀하였을 따름이다. 손자 왕리에 이르러 항우의 포로가 되었으니 당연한 일이 아니겠는가? 저들(백기와 왕전)은 각각 나름대로의 단점이 있었던 것이다."

이 성어의 묘미가 참으로 기가 막히다. 한 치와 한 자를 같이 놓고 볼 때는 비교가 안 되지만 그것들이 각각 다른 곳에 쓰일 때는 한 치보다 열 배나 긴 한 자가 짧을 때가 있고, 한 자보다 열 배나 짧은 한 치가 길 때가 있으니 인간과 사물의 관계가 얼마나 상대적인가를 잘 보여 주는 말이다. 백기와 왕전은 모두 천하가 알아주는 진나라의 명장이었고 전투에서는 누구도 그들을 따라갈 수가 없었다. 그러나 정치에서는 능력을 전혀 발휘하지 못하였다. 이 때문에 두 사람 모두 탁월한 능력에도 불구하고 불우하게 생을 마감하였다.

이와 유사한 일화를 《논어》 〈선진〉에서도 찾을 수 있다. 자공이 공자에게 물었다.

"전손사와 복상 중 누가 더 낫습니까?"

공자가 대답하였다.

"사는 좀 지나치고 상은 좀 미치지 못한다."
"그럼 사가 더 낫다는 말씀입니까?"
"과유불급(過猶不及)이니라."

"과유불급"은 '지나친 것과 미치지 못하는 것은 같다'는 뜻이다. 지나친 것과 미치지 못하는 것은 엄연히 다르다. 하지만 사람에 따라, 상황에 따라 지나친 것과 미치지 못하는 것이 같아질 수 있다. 지나친 전손사의 행동과 모자란 복상의 행동으로 나타나는 결과가 비슷하다는 말이다. 전손사는 덜고, 복상은 보태야 한다.

하나만 더 보자. 이 또한 《논어》 〈선진〉에 나오는 대목이다. 제자 자로가 "들으면 바로 행동으로 옮깁니까?"라고 묻자 공자가 아버지와 형님이 계시는데 어찌 그럴 수 있느냐고 답하였다. 이번에는 염유가 같은 질문을 하자 공자는 즉시 행동으로 옮기라고 말하였다. 공서화가 어째서 같은 질문에 다른 대답을 하느냐며 어리둥절해 하자 공자는 이렇게 답하였다.

"염유는 소극적이어서 북돋운 것이고, 자로는 억척스럽기에 누른 것이다."

관련하여 사마천의 다음 명언도 함께 소개한다.

"행동을 잘하는 사람이 말까지 꼭 잘하는 것은 아니며, 말을 잘하는 사람이 행동까지 꼭 잘하는 것은 아니다."

이 말을 풀어 보면 말을 못한다고 행동까지 못하는 것은 아니라는 뜻이다. 말이 어눌하지만 행동과 실천이 뛰어난 경우가 얼마든지 있기 때문이다. 이는 척단촌장의 이치와 정확하게 일치한다. 한 치(어눌함)는 한 자(달변)의 십분의 일이지만 그 한 치가 행동이나 실천이라면 한 자의 달변보다 훨씬 낫지 않겠는가?

누구나 나름의 장단점이 있기 마련이다. 우리가 상대의 어떤 점을 중점적으로 보느냐에 따라 평가를 전혀 다르게 할 수 있다. 자신이 가진 잣대의 정확성을 고집하지 말고 눈금의 수치를 상황에 맞추어야 한다. 가능한 한 장점을 드러내고 좋은 일에 쓸 수 있는 지혜가 필요하다.

이 성어는 간혹 척과 촌 자를 바꾸어 '촌장척단'으로 쓰기도 한다. 또 원래 문장대로 '척유소단, 촌유소장(尺有所短, 寸有所長)'으로도 자주 쓴다. '척단촌장'에는 인간과 사물의 오묘한 관계와 이치가 담겨 있다. 크고 작음, 모자람과 넘침, 짧고 긴 표상에만 집착해서는 그 안에 담긴 상대성을 파악할 수 없다.

원칙을 세우는 것도 지키는 것도 자기 자신이다

문공의 원칙

그림자는 사물의 바름을 구부리지 않고,
메아리는 소리의 아름다움을 해치지 않는다.

景不爲曲物直, 響不爲惡聲美

경불위곡물직, 향불위악성미

《관자》〈주합〉

촘촘한 눈금으로 사람과 사물의 미세한 차이를 재는 것이 잣대라면, 원칙은 잣대의 전체적인 길이로 비유할 수 있다. 그렇다고 원칙이 곧 잣대는 아니다. 원칙은 관념이고 잣대는 사물이기 때문이다. 말하자면 원칙은 잣대의 가장 크고 중요한 특징이다. 예컨대 '내 잣대의 가장 중요한 특징은 선과 악에 관하여 타협이 없는 것이다'라고 하면 잣대의 원칙은 '타협 없는 선악관'이라고 할 수 있다. 그렇다면 잣대의 눈금은 선과 악의 정의와 그 경계에 대한 각자의 인식이나 논쟁 및 토론으로 비유할 수 있다.

영구불변의 원칙이란 없다. 하지만 철나면서 세운 원칙이 수시로 왔다 갔다 한다면 그것은 원칙이라 할 수 없다. 자기만의 원칙을 갖는 것은 필요하고 중요하다. 나이 오십이면 당연히 인생을 이끌 원칙들이 세워져 있어야 한다. 이를테면 성공을 위한 자기 훈련의 일환으로 규칙적인 생활, 건강 관리, 학습 등 나름의 원칙을 세운다. 또 처세와 인간관계에 대하여 자기만의 원칙을 세운다. 이러저러한 사람과는 가까이하지 않는 것, 정확한 계산으로 일을 처리하는 것, 오로지 실력만으로 성공하겠다는 확고한 의지 등도 원칙에 포함될 것이다.

그리고 그 원칙들을 끊임없이 점검하여 완벽에 가깝도록 다듬어야 한다. 물론 바꾸어야 할 때는 과감하게 바꿀 수 있어야 한다. 자신이 세운 원칙이 철칙(鐵則)이 되어서는 안 되기 때문이다. 철칙에 가까운 원칙도 필요하지만 원칙은 어디까지나 기본에 가까운 지표이지 집착이 되어서는 안 된다. 물론 원칙은 가능한 한 지켜야 한다. 삶과 죽음에 대한 가치관을 비롯하여 생활과 관계에 대한 원칙은 결국 나를 나답게 만들고 삶을 주도할 수 있게 해 주기 때문이다.

원칙을 지키지 못한 문공의 실수와 개자추의 죽음

관련한 고사 하나를 소개하는 것으로 원칙에 대하여 생각할 기회를 가지고자 한다. 이야기의 주제는 논공행상으로, 지금으로부터 약 2,600년 전에 있었던 일이다.

춘추시대 때 천하에 명성을 떨친 다섯 군주가 있었다. 역사에서는 이들을 '춘추오패'라고 부른다. 대개 동방 제나라의 환공을 시작으로 북방 진(晉)나라의 문공, 서방의 또 다른 진(秦)나라의 목공, 남방 초나라의 장왕, 동남방 오나라의 합려를 가리킨다. 우리 이야기의 주인공은 《사기》 〈진세가〉에 생애가 상세히 기록되어 있는 진나라 문공이다.

논공행상에서 가장 중요한 것은 원칙이다. 기업을 예로 들자면 큰 이익을 남겼다고 하여 아무에게나 성과금을 줄 수는 없는 노릇 아닌가? 춘추시대의 걸출한 정치가 진나라 문공은 논공행상과 관련하여 다음 네 가지 원칙이자 등급을 내세웠다. 오늘날 정치가는 물론 기업인과 여러 조직의 리더가 충분히 본받을 만한 가치가 있다.

첫째, 인(仁)과 의(義)로 나를 이끌고 덕(德)과 은혜로 나를 지켜 준 사람이라면 일등 공신이다.

둘째, 행동으로 나를 보좌하여 공을 이룬 이는 실무를 한 사람이다.

셋째, 위험을 무릅쓰고 땀을 흘린 자는 행동 대원이다.

넷째, 최선을 다하였으나 나의 잘못을 보완해 주지 못한 이도 공신이다.

열심히 힘을 다 쓰면서 일해도 나의 잘못을 고쳐 주지 못하는 사람은 4등급이다. 그런데 자기가 1등급이라고 빡빡 우기는 사람이 너무 많다. 최선을 다하고 죽을힘을 다하였는데 왜 대접을 못 받느냐면서 심지어 배신도 서슴지 않는다. 역사의 데자뷔이다. 무려 2,600여 년이 지난 지금까지 이런 안타깝고 안쓰러운 모습을 목격하고 있지 않은가?

실제로 어떤 일을 성사시킨 사람이 일등 공신이 되어야 할 것 같지만 진 문공은 바른 소리를 한 사람을 더 높게 쳐주었다. 추상적이지만 인과 의로 주군을 이끌고 덕과 은혜로 주군을 돕는 것이야말로 정말 필요한 보필이라는 관점이다. 권력자들이 잘못된 길로 빠지는 것을 막는 브레이크 역할이라는 것이다. 주군이 '브레이크 없는 차'가 되는 것을 막았기 때문에 일등 공신이다.

오늘날에 적용해도 전혀 손색이 없는 기준인 듯싶다.

그런데 이렇듯 남다른 논공행상의 원칙을 가지고 있었던 문공이 뜻하지 않게 공신 한 사람을 죽이는 큰 잘못을 범하였다. 문공은 19년에 걸쳐 여덟 나라를 전전하는 망명 생활 끝에 진나라 최고 통치자가 되었다. 당연히 자신을 수행한 공신들에게 논공행상을 시행하였다. 그런데 문공이 굶어 죽을 위기에 처하였을 때 자신의 허벅지 살을 베어 국을 끓인 개자추가 논공행상에서 빠졌다. ('허벅지 살을 베어 주군을 봉양한다'는 의미의 고사성어 "할고봉군(割股奉君)"이 여기에서 나왔다.)

개자추가 살이 적어 먹기도 그렇고 버리기도 그런 닭의 갈비뼈 '계륵' 같은 존재는 아니었다. 자신의 몸을 베어 아사 직전의 주군을 살려 준 것은 그 의미가 만만치 않다. 그러나 그것만으로 네 등급 중 어디에 넣을지는 참으로 애매하기는 하였다.

결국 논공행상에서 개자추가 빠지게 되었다. 옛날 사람들은 권력자를 풍자하거나 비꼴 때 노래를 만들어 퍼뜨렸다. 백제의 서동이 선화 공주를 꼬이려 만든 〈서동요〉도 노래였다. 허벅지 살을 떼서 굶어 죽을 처지에 놓인 주군을 구한 개자추가 상을 못 받았으니 민간에서 이를 풍자하는 노래가 떠돌기 시작하였다. 누군가가 개자추의 억울한 심경을 노래로 만들어서 아이들이 부르게 한 것이었다. 아이들은 의미도 모르고 동네방네 노래를 부르고 다녔다.

"용이 하늘에 오르고자 하니 다섯 마리 뱀이 보필하였네. 마침내 용이 승천을 하니 네 마리의 뱀은 각자 자신의 집으로 들어갔는데 한 마리는 홀로 제 집을 찾지 못하고 헤매고 있네."

그 한 마리가 바로 개자추였다. 개자추에게는 노모가 있었는데, 젊었을 때 개자추는 어머니하고 짚신을 엮어 시장에 내다 팔면서 생계를 유지하였다. 노모도 개자추에 관한 소문을 듣고 아들에게 이렇게 말하였다.

"아들아 너는 임금을 그렇게 모시고 다녔는데 왜 이렇게 되었느냐?"

"부귀와 영화를 노린 게 아니라 그저 진심으로 주군을 모셨을 뿐이고 공신들은 자리 때문에 서로 싸우고 있습니다. 저는 그러기 싫습니다."

결국 노래가 돌고 돌아 진 문공의 귀에 들어갔다. 아차 싶었던 진 문공은 수소문하여 개자추의 소재 파악에 나섰다. 개자추와 노모는 면산(緜山)으로 숨었다. 문공이 자신의 잘못을 뉘우치고 그를 불렀으나 나오지 않았다. 그가 나오게 하기 위하여 문공은 산에 불을 질렀다. 노모 때문이라도 나오리라 판단하였다. 개자추는 끝내 나오지 않았고 어머니와 함께 그대로 타 죽었다.

불에 타는 개자추의 심경은 어땠을까? 아들의 지조를 끝까지 지켜 주려 한 어머니의 심경은 또 어땠을까?

지금도 중국 산시성의 면산에 가면 개자추의 무덤이 있고 그와 어머니의 석상이 있다. 개자추가 불에 타 죽은 것을 기리기 위한 명절도 있다. 바로 한식(寒食) 날이다. 이때는 데운 음식이나 구운 음식을 먹지 않는다. '찰 한(寒)' 자에, '먹을 식(食)' 자이지 않은가. 개자추를 기억하자는 의미로 개자추가 죽을 때 부여안았던 나무를 가져다가 신발도 만들어 신는다. 그러면 소리가 딱 딱 딱 난다.

지금도 중국 사람들은 개자추를 굉장히 존경한다. 의리를 중시하고 부귀영화를 헌신짝같이 버리기가 어디 말처럼 쉬운가. 개자추도 인간이었기에 내면의 갈등이 심하지 않았을까? 부귀영화를 포기할 줄 알았던 개자추였기에 후세에 존경의 대상이 될 수밖에 없다. 특히 세태가 어지러울수록 이런 사람은 더욱 귀중해지는 법이다. 그래서 개자추를 위한 시들이 많이 남겨졌다. 당나라 때 유명했던 사람들은 대부분 한식에 대한 이야기를 즐겨 하였다.

원칙을 지키되
집착하지 않아야 한다

개차추는 행상을 거절하였고 심지어 자기 목숨과 노모의 목숨까지 잃었다. '대체 왜 그랬을까?' 하는 의문이 들지 않을 수 없다. 나름대로 까닭을 생각해 보았다.

첫째, 개자추의 고매한 인품 때문이다. 그는 자신의 허벅지 살을 베어 주군을 살렸다. 자기 목숨조차 아끼지 않은 사람이다.

둘째, 이런 인품의 소유자이기에 논공행상에서 빠져도 주군을 원망하거나 다른 공신들에 대하여 이러쿵저러쿵하지 않았다. 어머니에게 한 말 그대로였다.

셋째, 그는 자신에게 나라를 위하여 실질적으로 봉사할 수 있는 특별한 특기나 전문 분야가 없다는 것을 알았고 그것을 허심탄회하게 받아들였다.

넷째, 만약 자신까지 나서서 공을 내세우고 상을 바란다면 주군의 통치 행위에 부담을 줄 수 있기 때문이다. 그래서 노모를 모시고 면산에 들어가 숨어 버림으로써 자신의 의지를 확실하게 보여 주었고 백성의 관심으로부터 멀어져 민심을 가라앉혔다.

문공은 이런 개자추에게 한없이 미안한 마음이 들어 기어이 그를 찾아내 어떤 식으로든 상을 내리려고 하였다. 그 마음을 이해 못할 바는 아니지만 문공은 개자추의 본심을 제대로 이해하지 못하였다. 때문에 개자추와 노모를 죽음으로 몰고 갔다. 문공은 공신들과 백성에게 공개적으로 개자추의 공과 인품을 밝히는 선에서 그쳐야 하였다. 오늘날로 보자면 개자추 기념관을 만들어 그의 고매한 인품을 기리는 정도로도 괜찮았을 것이다.

문공은 아주 남다른 논공행상의 원칙과 기준을 제기하였지만 개자추는 그 원칙과 기준 어디에도 속하지 않는 공신이었다. 따라서 문공은 자신이 세운 원칙을 고집하지 않고 다른 방식을 생각하였어야 한다. 논공행상은 이처럼 뛰어난 리더도 실수할 수 있기에 모든 방면을 치밀하게 고려해야 하는 고도의 정치 행위이다.

논공행상은 공을 따져 상을 준다는 뜻이다. 그 본질은 고도의 정치행위에 있다. 논공행상은 특히 민심의 화합에 주안점을 두어야 한다. 그 결과가 결국은 백성에게 영향을 미치기 때문이다. 개자추는 민간의 동요를 듣고는 논공행상 때문에 자칫 민심이 흩어질 수 있다는 점을 잘 알았다. 그가 노모와 산속으로 들어간 까닭이다.

문공은 논공행상의 원칙을 제대로 관철하지 못하였다. 융통성도 발휘하지 못하였다. 무엇보다 안타까운 점은 산속으로 숨은 개자추의 충정을 헤아리지 못하고 자신의 마음만 편하면 그만이라는 안이한 판단에 집착하였다는 점이다. 문공 같은 통치자의 원칙뿐만 아니라 개개인의 원칙도 정도의 차이만 있을 뿐 자칫 다른 사람을 서운하게 할 수 있고 심하면 사람을 잃을 수도 있다. 원칙을 지키되 무슨 일이 있어도 그것을 지켜야 한다는 집착에 몰두해서는 안 된다. 다시 말해 자신의 마음이 왔다 갔다 해놓고는 잣대가 굽었다고 손가락질해서는 안 된다. 사마천은 "해시계를 똑바로 세우지 않으면 삐뚤어진 그림자를 얻는다(未有樹直表而得曲影者, 미유수직표이득곡영자)"라고 하였다. 해시계를 똑바로 세우는 사람은 남이 아닌 바로 나 자신이다.

마음으로 깊게 세 번 생각하라

사마천의 방향

늙은 말이 길을 안다.

老馬識途

노마식도

《한비자》〈설림〉

폭풍우가 사납게 몰아치는 저녁, 당신은 차를 몰아 서둘러 집으로 향하고 있다. 어느 버스 정류장을 지나는데 세 사람이 초조하게 버스를 기다리는 모습을 보고는 안타까운 마음에 일단 차를 멈추었다. 누구라도 태우고 갈 생각이었다. 그런데 한 사람은 죽음이 임박한 노인이었다. 당장 병원에 가지 않으면 길거리에서 죽을 판이었다. 한 사람은 알고 보니 당신의 목숨을 구해 주었던 의사였다. 꿈에서라도 은혜를 갚고자 하였던 은인이었다. 그리고 나머지 한 사람은 당신이 그렇게 갈망하던 한평생을 함께하고 싶은 연인이었다. 지금 놓치면 영영 잡을 수 없을 것만 같았다.

안타깝게도 당신은 차에 딱 한 명만 태울 수 있는 형편이었다. 당신은 어떤 선택을 하겠는가? 죽어 가는 노인, 목숨을 구해 준 은인, 결혼하고 싶은 연인 중 누구를 태우겠는가?

이 이야기는 어느 컴퓨터 회사에서 프로그래머 채용 면접 때 지원자에게 한 질문이다. 이 면접을 통과해 입사한 사람은 단 한 명이었는데 그의 선택은 이러하였다.

"저라면 자동차 키를 의사에게 주어 노인을 병원에 데려가라고 하고 저는 그 자리에 남아서 꿈에 그리던 연인과 함께 버스를 기다리겠습니다!"

'노력보다 중요한 것이 방법'이라는 말이 있다. 인생에서 오십에 접어들면 노력보다 방향이 중요해진다. 방향은 머리를 숙이고는 잘 보이지 않는다. 머리를 쳐들고 가능한 한 멀리 내다보아야 한다. 방법이 정확해야 제 방향을 잡을 수 있다. 바른 방향을 찾는 방법에 대하여 이야기해 보자.

언제나 문제보다 방법이 더 많다

춘추시대 제나라 환공이 전쟁에 나갔다가 돌아오는데 많은 눈이 내려 그만 길을 잃었다. 장병들은 혼란에 빠졌지만 관중은 전혀 당황하지 않고 지난번 원정에도 왔었던 늙은 말을 찾아 앞장서게 하였다. 늙은 말은 왔던 길을 기억하였고 군대는 무사히 귀국하였다. 이 고사가 앞서 인용하였던 '노마식도'이다.

어떤 일의 결과를 놓고 '성과는 없어도 노력했으니 되었다'는 말을 종종 한다. 그러나 노력은 나만 하는 것이 아니라 모두가 한다. 노력하였으면 성과가 있어야 마땅하다. 그러니 노력만으로 충분하다는 말은 구차하다. 그렇다면 왜 노력하고도 성과가 없는지를 따져 보아야 하지 않겠는가? 성과가 없다고 기회나 재능이 없는 것이 결코 아니다. 의지가 없는 것도 아니다. 정확하고 효과적인 방법을 몰랐을 뿐이다.

스스로의 성장 과정을 한번 돌이켜 보자. 그리고 주위 사람들의 경력도 살펴보자. 무언가와 불화해서는 결코 성공하거나 성과를 낼 수 없다는 것을 어렵지 않게 발견할 수 있다. 우리는 단 하루도 문제를 떠날 수 없다. 그래서 노력보다 방법이 더 중요하다고 하는 것이다. 좋은 방법, 정확한 방법으로 일 처리가 더욱 편해지고 한결 유쾌해지며 더욱 효율성이 생긴다.

그리고 언제나 문제보다 방법이 더 많다는 사실도 기억하자. 문제가 열이라면 해결 방법은 백이 될 수도 있다. 방법 찾기를 두려워해서는 결코 성과를 올릴 수 없다. 또한 불가능해 보인다고 해서 영원히 불가능한 문제는 없다. 잠시 방법을 못 찾고 있을 뿐이다. 방법은 방향을 결정한다. 정확한 방법을 찾으면 방향도 정확해진다.

정확한 방법을 찾으려면 생각을 바꾸어야 한다. "사로(思路)가 출로(出路)를 결정한다"라는 말이 있다. 사로, 즉 생각의 길을 바꾸어야 방법이 보인다. 정확한 사유는 문제 해결의 전제 조건이다. 역사상 틀을 깨고 한계를 돌파한 모든 방법은 마지막에 거의 다 한 길로 돌아간다. 바로 성공의 근원인 '인간의 사유 방식'이다. 인간의 차이는 문제에 대한 사고 방법의 차이에서 출발한다. 중국 민간에 떠도는 이야기로 이 문제를 다시 생각해 보자.

세상 누구보다 부지런한 한 젊은이가 있었다. 그는 모든 방면에서 다른 사람보다 나아지기 위해 혼신의 힘을 다하였다. 그러나 노력에도 불구하고 성과는 너무나도 보잘것없었다. 고민 끝에 젊은이는 한 지혜로운 스님을 찾았다. 젊은이가 찾아가자 스님이 제자 셋을 불러 이렇게 분부하였다.

"너희들은 이 시주를 모시고 저 앞 오리산에 가서 땔감을 가능한 한 많이 해 오너라."

세 제자는 젊은이를 데리고 시내를 건너 오리산으로 들어갔다. 한참 뒤 젊은이가 땀을 뻘뻘 흘리고 가쁜 숨을 몰아쉬며 두 단의 땔감을 짊어지고 돌아왔다. 뒤이어 제자 두 명이 각각 세 단의 땔감을 지고 왔다. 그런데 가장 어린 제자가 보이지 않았다. 문득 절 앞에 흐르는 시내로 눈길을 돌렸는데 놀랍게도 뗏목에 여섯 단의 땔감을 싣고 돌아오는 어린 제자가 보였다.

먼저 온 두 제자와 젊은이는 서로의 얼굴만 멀뚱멀뚱 쳐다볼 뿐 말이 없었다. 스님과 어린 제자는 담담한 얼굴로 서로를 쳐다보며 알 듯 말 듯한 미소를 지었다. 이윽고 젊은이가 볼멘소리를 하였다.

"다시 땔감을 구하러 가게 해 주십시오. 당초 저는 여섯 단을 지고 내려오다가 너무 무거워 두 단을 버렸습니다. 그런데 또 한 참을 내려오는데 도저히 네 단이나 지고 내려갈 수 없어 다시 두 단을 버렸습니다. 하지만 스님, 저는 너무 애를 썼습니다."

떫감 세 단씩을 지고 내려온 제자 두 명도 말하였다.

"저희도 이분과 비슷하였습니다."

"처음 우리 두 사람도 각자 네 단씩 여덟 단을 짊어지고 내려왔습니다. 그런데 도중에 저 분이 버린 네 단이 있기에 둘이 두 단씩 보태 들어 모두 열두 단을 짊어졌습니다. 그러다 너무 힘들어다 와서 여섯 단을 버리고 각각 세 단씩만 지고 왔습니다."

스님은 가장 어린 제자를 다시 쳐다보았다. 어린 제자는 이렇게 말하였다.

"저는 몸집이 작고 힘도 약해 두 단은커녕 한 단도 겨우 짊어집니다. 그래서 그냥 내려오는데 버려진 여섯 단이 보이고 그 앞으로 흐르는 시냇물을 보게 되었습니다. 그래서…."

스님은 흐뭇한 표정으로 어린 제자를 바라본 다음 젊은이에게

나지막한 목소리로 이렇게 말하였다.

"방법이 노력보다 더 중요하다네."

깊은 생각으로 생사의 방향을 잡은 사마천

사마천은 47세에 바른 말로 최고 권력자의 심기를 건드려 옥에 갇혔다. 역사서를 채 완성하지 못한 상황에서 사마천은 사형을 면하기 위하여 성기를 자르는 궁형을 자청하였다. 궁형은 사형수가 사형을 면할 수 있는 유일한 방법이자 가장 치욕스러운 방법이었다. 천신만고 끝에 살아남은 그때 그의 나이는 49세였다.

약 3년을 감옥에 있으면서 사마천은 자신의 삶은 물론이고 자신이 모시던 권력자와 그들 주변의 간신, 그리고 수천 년 역사를 전부 다시 생각하였다. 생각하고 또 생각하였다. 생각에 생각이 더해지고, 생각이 생각을 덮고, 그 뒤로 다시 생각이 쌓이는 극한의 고통과 고뇌를 통하여 사마천은 '호학심사, 심지기의(好學深思, 心知其意)'라는 큰 깨달음을 얻었다.

'배우기를 좋아하고 깊게 생각하면 마음으로 그 뜻을 알게 된다'는 뜻의 "호학심사, 심지기의"는 역사를 연구하는 사마천의 자세이자 방법이었다. 또한 생각, 특히 깊은 생각의 중요성을 잘 보여 주는 명언이다. 사마천은 이 여덟 글자의 명언에서 마음을 뜻하는 '심(心)' 자를 '思', '心', '意'에 세 번이나 반복하여 마음으로 깊게 생각하는 것이 얼마나 중요한가를 나타냈다. 사마천은 이러한 깊은 사유 끝에 한 인간의 삶이 가치를 가지려면 '죽음을 사용하는 방향이 달라야 한다'는 위대한 깨달음에 이를 수 있었던 것이다.

사마천은 깊디깊은 생각을 통해 역사서 저술의 올바른 방법을 찾았고 그 방법을 통해 생사의 방향을 잡았다. 그 결과 '죽음을 사용하는 방향'이라는 대각(大覺)을 얻었다. 사마천이 도달한 생사에 관한 이 위대한 깨달음은 다른 곳에서 다시 이야기해 볼 참이다.

때가 왔다면 움직여야 한다

한신의 결심

지혜는 일을 결단하게 하고, 의심은 일을 해친다.

知者決之斷也, 疑者事之害也

지자결지단야, 의자사지해야

권92 〈회음후열전〉

결심은 결단과 결행으로 나아가야 의미를 가진다. 결심은 누구나 하지만 그 결심을 행동으로 실천하는 사람은 많지 않다. '작심삼일(作心三日)'이라는 성어가 이를 단적으로 보여 준다. 그래서 결심은 결단, 결행과 뗄 수 없다.

기원전 206년, 중국 역사상 최초의 통일 제국이었던 진(秦)나라가 망하였다. 세상이 소용돌이에 빠졌고 항우의 초나라와 유방의 한(漢)나라가 천하의 패권을 다투는 상황이 되었다. 이것을 '초한쟁패(楚漢爭覇)'라고 하며 이를 소재로 한 역사 소설이 《초한지》이다. 초한쟁패의 주도권은 항우가 쥐었다. 그러나 한신이 유방을 돕기 시작하면서 전세가 변화하더니 급기야 한신이 캐스팅 보트를 쥐게 되었다.

급해진 항우가 무섭이라는 자를 보내 한신에게 '천하삼분(天下三分)'을 제안하였다. 한신은 무섭을 돌려보냈다. 그러자 제나라 출신의 괴통이라는 참모가 다시 한신을 설득하고 나섰는데 그 논리가 대단히 설득력 넘친다. 비유를 잘 음미하며 그 장면을 보자.

"지혜는 판단을 과감히 내리게 하고 의심은 행동을 방해합니다. 터럭처럼 사소한 계획을 꼼꼼히 따지면 천하의 큰 운수는 새카맣게 잊어버립니다. 지혜로 그것을 알고 있으면서도 결단하여 행동으로 옮기지 못하면 모든 일의 화근이 됩니다. 그래서 이런 말이 생겨난 것입니다.

'호랑이가 머뭇거리는 것은 벌이 침으로 쏘는 것만 못하고, 준마가 갈까 말까 망설이는 것은 늙은 말의 느릿한 한 걸음만 못하며, 맹분같이 용감한 자라도 혼자 의심만 하고 있으면 평범한 필

부의 하고야 마는 행동만 못하다.'

그러니 순 임금과 우 임금 같은 지혜가 있다 한들 입안에서 웅얼거리기만 하고 내뱉지 못하면 벙어리와 귀머거리가 지휘하는 것만 못합니다. 대저 공로란 이루기는 어렵지만 실패하기는 쉽습니다. 시간(기회)은 얻기는 어려워도 잃기는 쉽습니다."

그러면서 괴통은 다음의 말로 대못을 박았다.

"때가 왔는데 움직이지 않으면 도리어 재앙이 미칩니다."

時至不行, 反受其殃.

시지불행, 반수기앙.

철석같은 심장도 움직일 만한 설득력이자 정말이지 기가 막힌 논리가 아닐 수 없다. 그러나 한신은 끝내 결단을 내리지 못하고 머뭇거리다가 비참한 최후를 맞이하고 말았다. 괴통의 말대로 주어진 기회를 취하지 못하여 결국은 그 허물과 재앙을 모두 자신이 뒤집어쓰고 말았다. 한나라 건국에 결정적인 공을 세웠지만 반역으로 몰려 삼족이 처형당하는 비참한 최후를 맞이하였다. 한신의 일대기는 《사기》 〈회음후열전〉에 잘 기록되어 있다.

한신의 생애가 아주 입체적이고 흥미진진하게 구성되어 있으니 한번쯤 읽어 보기를 권한다.

결심, 결단, 결행은 시간 순서에 따른 구분이기는 하지만 각각 걸리는 시간이 길지 않을뿐더러 동시에 내려야 하는 경우도 많다. 그리고 기회의 성질에 따라 순서가 뒤바뀌기도 한다. 결행부터 하고 결심이 뒤따를 수도 있다는 말이다. 그렇다면 괴통이 말한 대로 기회를 제대로 판단하는 지혜가 또 요구된다.

우리네 삶은 딱딱 잘라 나눌 수 있는 것이 아니라 모든 요소가 서로 겹치는 아주 복잡하고 정교한 회로와 같다. 그리고 이 회로의 교차점마다 방향을 가리키는 신호등이 서 있다. 그 신호등이 바로 기회이다. 이 신호등 앞에서 머뭇거리느냐 신호를 따라 나아가느냐의 선택은 온전히 자신의 몫이다. 이때 결심, 결단, 결행이 필요한 것이다. 한신은 신호등 앞에서 망설였다. 신호등 옆에서 방향을 가리키는 안내자까지 있었는데도 말이다.

스스로 격려할 줄 알아야 멀리 갈 수 있다

사마천의 기운

한 사람에게 좋은 일이 있으면 세상 사람 모두가 이익을 얻는다.

一人有慶, 天下賴之

일인유경, 천하뢰지

권21 〈건원이래왕자후자연표〉

우리네 인생의 성공과 실패를 비유하는 '운칠기삼(運七技三)'이라는 말이 있다. 일의 성패를 좌우하는 것은 70퍼센트의 운과 30퍼센트의 실력이라는 뜻이다. 아무리 노력해도 일이 성사되지 않거나 노력을 들이지 않았는데도 일이 성사되었을 때 많이 쓴다. 대체 이런 미신에 가까운 말이 어디서 나왔을까 찾아보았지만 출처를 알 수 없었다.

누가 뭐라 해도 운명은 스스로 개척해 간다. 많은 어려움에 부딪히고 때로는 실패하여 좌절할지라도 꿋꿋하게 일어선다. 그러면서 삶과 죽음에 대하여 보다 성숙한 생각을 가지고 성숙한 의식으로 사람들과 어울려 보람 있는 일을 해 나간다.

삶을 스스로 개척하려면 '기운'이 있어야 한다. 기운에도 여러 뜻이 있지만 대부분 운명과 관계되어 '살아 움직이는 힘'이라는 뜻으로 쓴다. '기'가 힘이다. 힘을 내서 움직이라는 것이다. 움직이면 바뀐다. 힘을 내서 애쓰면 나의 명이 바뀐다. 그것이 운명이다. 나의 운명은 곧 나의 기, 즉 힘에 달려 있다.

나폴레옹은 "군대는 사기를 먹고 산다"라는 유명한 말을 남겼다. 전쟁에서 "승부의 70퍼센트가 사기에 달려 있다"라고도 하였다. 운칠기삼과 정확하게 반대되는 말이다. 어느 쪽 말이 더 맞는지 한번 생각해 보자.

치욕에 굴복하지 않은
사마천의 용기

중국어에는 '기운 내라'는 의미의 '가유(加油)'라는 표현이 있다. 우리식 영어로 '파이팅'에 해당한다. '쟈요우'라고 발음하며 직역하면 '기름을 더 쳐라'라는 뜻이다. 여기에서 말하는 기름이 곧 기, 즉 힘이다. 힘을 더 내라는 말이다. 힘을 더 내려면 힘의 원천인 영양가 있는 음식이나 정신적인 격려가 필요하다. 무엇보다 자신을 다그치는 자기 격려가 더 중요하다. 아무리 주위에 좋은 음식과 격려가 많아도 자신이 떨쳐 일어나 스스로를 격려하지 않으면 큰 역할을 하지 못한다.

사마천은 억울하게 사형 선고를 받은 뒤 수없이 자결을 생각하였다. 당시에는 자존심을 지키기 위한 자결이 허용되었고 자결이 부끄러운 일도 아니었다. 그러나 사마천은 자결 대신 죽음보다 더 치욕스럽다고 여기는 궁형을 선택하였다. 이 선택은 그 자체로도 치욕스러웠음은 물론이며 선택한다고 해서 다 받아들여지는 것이 아니고 황제가 승낙해야만 가능하기에 이중 삼중으로 치욕스러운 일이었다. 사마천은 입사 동기 임안에게 보낸 편지 〈보임안서〉에서 당시 자신의 심경을 이렇게 밝혔다.

"그때 제가 법에 굴복하여 죽었더라면 저는 '아홉 마리의 소 중에서 털 오라기 하나(九牛一毛, 구우일모)'가 없어지는 것과 같고, 땅강아지나 개미 같은 미물과도 하등 다를 것이 없었을 것입니다. 게다가 세상은 절개를 위해 죽은 사람으로 취급하기는커녕 죄가 너무

커서 어쩔 수 없이 죽었다고 여길 것입니다. 왜 그렇겠습니까? 평소에 제가 해 놓은 것이 그렇게 만들기 때문입니다."

"한 사람에게 좋은 일이 있으면 세상 사람 모두가 이익을 얻는다"라는 말이 있다. 사마천이 남긴 《사기》가 이 말에 딱 들어맞는다는 생각을 해 본다. 그가 죽음과 싸우며 남긴 역사서가 세상 사람들에게 큰 선물이 되고 있으니.

사마천은 지옥보다 더한 치욕의 감옥에서 기운을 내 떨쳐 일어났다. 더욱이 49세의 나이로 궁형을 자청하는 것은 사형수가 또 한 번 자신에게 사형을 선고하는 것이나 마찬가지였다. 살아남을 확률이 20퍼센트도 채 되지 않는다는 것이 전문가들의 견해이다. 궁형을 당하다 죽는다면 그보다 더한 치욕이 또 어디 있을까? 위로는 조상, 아래로는 후손에게 구차한 선택을 했다가 죽어 버린 더할 수 없이 부끄러운 존재로 낙인찍히는 것이다.

이런 극한의 상황에서 사마천은 견딜 수 없는 두려움을 떨치고 기운을 내서 용기로 자신의 운명에 맞섰다. 그리고는 혼신의 힘을 다하여 위대한 3,000년 통사 《사기》를 완성하였다. '구우일모' 같은 선택의 유혹에 빠지지 말고 다들 기운 내시라!

참아야 할 때와 굽혀야 할 때가 있다

계포와 난포의 용기

비천한 사람이 한순간의 울분 때문에 자결하는 것은
진정한 용기가 아니다.

夫婢妾賤人感慨而自殺者, 非能勇也

부비첩천인감개이자살자, 비능용야

권100 〈계포난포열전〉

용기는 기운을 내면 생긴다. 기운을 내고 마주한 일이나 상황을 향해 달려가는 것이다. 용기는 용맹과 불가분의 관계이다. 용기가 있어야 용맹할 수 있기 때문이다. 마음먹는 것이 용기라면 용맹은 그 마음을 행동으로 옮기는 것이다. 그러나 용맹이 곧 용기라고 할 수는 없다. 아무 곳이나 무턱대고 달려가는 것은 용맹한 행동이지만 진짜 용기가 아니다. 어떤 일을 향해 남들보다 앞서 달려가는 행동은 분명 용맹하지만 상황을 제대로 인식하지 못하고 무작정 달려가는 행동은 진짜 용기가 아니다. 생각하지 않고 계획을 세우지 않은 채 무조건 밀어붙이는 용맹함을 두고 흔히 '무모하다'고 말한다.

남에게 굽히기보다 스스로에게 굽혀야 한다

초한쟁패 때 항우 편에 서서 유방을 몹시도 괴롭힌 계포와 난포라는 용맹한 인물들이 있었다. 이 둘을 '양포' 또는 '쌍포'로 부를 수 있겠다. 유방이 천자가 되자 지명 수배자가 된 두 사람에게 체포령이 내려졌다.

계포는 형벌을 받고 노예가 되는 치욕을 당했지만 자결하지 못하였다. 정확히 말하면 자결하지 않은 것이다. 당시 자결은 부끄러운 행동이 아니었고 자존심을 지키기 위해서라면 얼마든지 자결할 수 있었기 때문이다. 그는 자신의 재능을 믿었고 아직 그 재능을 제대로 펼치지 못했다고 판단하였다. 계포는 결국 한나라의 명장이 되었다. 계포의 선택에 대하여 사마천은 이렇게 말하였다.

“현명한 사람은 자신의 죽음을 정말 소중하게 여긴다. 비천한 사람이 한순간의 울분 때문에 자결하는 것은 진정한 용기가 아니다. 그들은 생각을 다시 바꾸어 그것을 실천할 용기가 없었을 뿐이다.”

난포는 황제 유방의 엄명에도 불구하고 자신을 알아준 반역자 팽월을 위하여 그의 시신을 수습하고 통곡하였다. 유방은 난포를 잡아들여 추궁하였다. 난포는 얼른 삶아 죽이라며 당당하게 항변하였다.

“어려울 때 자신의 몸과 뜻을 굽히지 못하면 사람(사내대장부)이라 할 수 없고, 부귀를 누릴 때 만족하지 못하면 현명한 사람이 아니올시다.”

사마천은 이런 난포의 용기에 “(난포는) 끓는 물에 들어가 죽는 것을 마치 집에 돌아가듯 하였다. 그는 진실로 그가 처할 곳이 어디인가를 잘 알고 있었으므로 자신의 죽음을 아끼지 않았던 것이다”라고 논평하였다.

유방은 난포의 용기를 높이 평가하여 그를 살려 주었다. 난포는 훗날 연나라 재상까지 지내며 한 왕조를 위해 힘을 다하였다. 사마천은 이런 난포를 열사로 평가하였다.

사마천은 생사관과 용기를 연계하였다. 그러면서 참아야 할 때는 참고 굽혀야 할 때는 굽혀야 한다고 말하였다. 이때 '굽힌다'는 것은 남에게 굽히는 것이 아니라 스스로에게 자존심을 굽혀야 함을 의미한다. 사마천이 죽음보다 치욕스러운 궁형을 자청한 것도 이런 생사관을 터득하였기 때문이다. 해야 할 일, 미처 다 하지 못한 말들이 남았기에 그는 치욕을 감수하였다. "죽는 것이 어려운 것이 아니라 죽음에 어떻게 대처하느냐가 어려운 것"이라는 그의 말이 큰 울림으로 다가온다. 아래는 진정한 용기에 대한 사마천의 명언이다.

"용기와 비겁은 기세에 따른 것이고, 강인함과 나약함은 형세에 따른 것으로 잘 살피는 것이 하나 이상할 것 없습니다."

한 사람의 삶에 대한 평가는 성공과 성취로만 이루어지지 않는다. 그보다 어떻게 살았느냐가 중요하고 이는 그 누구보다 나 자신에게 더욱더 의미가 깊고 크다. 성공과 성취가 삶의 양이라면 어떻게 살았느냐는 삶의 질이다. 양만큼이나 질 또한 중요하다. 하나 분명한 사실은 바르게 제대로 산 사람이 대부분 성공하고 성취한다. 지혜로운 용기로 삶에 맞서자.

2장

어떻게 나이의 힘을 기를 것인가

| 무게를 견딘 인생에 대한 이야기들 |

자신감은 혼자 힘으로 이루어야 한다

민공과 남궁만의 자존감

명성을 소중하게 관리하는 사람은 욕심 때문에 행실을 해치지 않는다.

砥厲名號者不以欲傷行

지려명호자불이욕상행

권83 〈노중련추양열전〉

'자존감 떨어진다'는 말이 마치 유행어처럼 번진 적이 있다. 자신을 존중한다는 의미의 '자존'은 자신을 향한 믿음, 즉 '자신(自信)'이 있어야 세우거나 높일 수 있다. 자신감은 자존감의 밑천이다. 자존감은 주위의 관심과 평가에 영향을 받지만 자신감은 오로지 혼자 힘으로 획득하는 것이기 때문이다. 주위의 관심과 평가에 흔들려 자존감이 쉽게 떨어진다면 자신감 부족이 가장 큰 원인이다. 따라서 자신감을 장착하는 일이 중요하다.

오십은 자존심과 자존감을 다지는 나이이다. 자신감이 그만큼 충만한 나이이기도 하다. 그런데 섣부르고 설익은 자신감은 자신이 아닌 자기만족, 즉 자만으로 흐르기 쉽다. 일과 지위에서의 성취가 이를 부추긴다. 자만에 빠진 오십은 몰락하기 십상이다. 이 자만은 공교롭게도 어리고 유치한 감정인 치기를 부추긴다. 자만과 치기가 만나면 치명적이다. 흥미로운 역사적 사례로 이 문제를 생각해 보자.

자만과 치기가
부추긴 비극

춘추시대 초기인 기원전 682년에서 기원전 681년 사이에 송나라에서 일어난 사건이다. 송나라의 군주 민공과 장수 남궁만이 주인공인 이 사건을 사마천의 《사기》 〈송미자세가〉와 풍몽룡의 《동주열국지》 등의 기록들을 통해 알기 쉽게 정리해 보았다.

남궁만과 야외로 놀러 간 민공은 남궁만에게 그의 장기인 창던지기를 시범으로 보여 주라고 명령하였다. 남궁만은 긴 창을 공중으로 높이 던졌다가 한 치의 어긋남 없이 정확하게 그것을 손으로 받아 냈다. 구경하던 궁인들이 감탄을 금치 못하고 환호성을 올리며 우레 같은 박수를 보냈다. 은근히 질투가 난 민공이 이번에는 자신의 장기인 바둑으로 벌주를 걸고 내기를 제안하였다. 민공에게 연달아 진 남궁만은 벌주를 꽤 마셔야 했다. 술에 취한 남궁만은 씩씩거리며 다시 바둑을 두자고 계속해서 졸랐으나 기고만장해진 민공은 "맨날 패하기만 하는 네놈이 어찌 감히 나를 이길 수 있겠느냐"라며 자존심을 건드렸다. 남궁만은 속이 부글부글 끓었지만 아무 말 없이 그냥 참았다.

그때 궁에서 사람이 나와 주 왕실에 새 왕이 즉위하였다는 소식을 알렸다. 민공은 낙양으로 축하 사절을 보내기로 하였다. 진작부터 왕도를 한번 구경하고 싶었던 남궁만은 자신이 사절로 가겠다고 자원하였다. 민공은 웃으며 "우리 송나라에 아무리 사람이 없어도 그렇지 어떻게 (전쟁에서 패하여 포로로 잡혀갔다 온) 너 같은 죄인을 사절로 보낸다는 말이냐?"라며 또 핀잔을 주었다.

주위에 있던 궁인들이 모두 따라 웃었다. 하얗게 질린 남궁만은 모욕감을 참지 못하고 술기운에 한바탕 욕을 퍼부은 다음 옆에 있던 바둑판을 밀어 민공을 쓰러뜨리고 주먹으로 쳐 죽였다.

민공의 대부 구목이 이 일을 전해 듣고 무기를 챙겨 민공의 집으로 달려갔으나 남궁만이 먼저 구목을 치니 그는 문짝에 이가 부딪혀 죽었다. 남궁만은 민공을 보좌하던 태재 화독을 죽이고 공자 유를 군주로 추대하였다. 다른 공자들은 소(蕭)로 도망가고 공자 어설은 박(亳)으로 도망쳤다. 남궁만의 동생 남궁우가 박을 포위하고 공격하였다.

그 겨울, 소 지역 사람들과 송나라 도읍에 있던 공자들이 함께 남궁우를 공격해 살해하고 내친김에 송의 새 군주인 유를 살해하여 민공의 동생 어설을 옹립하니 그가 바로 환공이다. 남궁만은 진나라로 도망갔다. 송나라 사람들이 진나라에 뇌물을 보내 부탁하니 진나라 사람들은 여자를 보내 좋은 술로 남궁만을 취하게 하였다. 그런 다음 가죽으로 남궁만을 묶어 송나라로 돌려보내니 송나라는 그를 썰어 장조림으로 만들었다.

사건의 발단은 민공이 남궁만에게 창던지기하는 기술을 궁인들 앞에서 자랑하게 한 것이었다. 당초 궁인들을 즐겁게 할 생각으로 창던지기를 시켰지만 뜻하지 않게 궁인들이 남궁만의 솜씨에 탄복하여 큰 갈채를 보냈다. 민공은 질투심이 일었다. 솜씨를 자랑하게 한 것은 남궁만을 자신이 아끼는 애완동물 정도로 보았기 때문이고 궁인들에게 환심을 사기 위함이었다. 그런데 뜻하지 않게 이 애완동물이 환심을 빼앗아 가 버렸다. 민공은 급기야 애완동물과 내기를 하기에 이르렀다.

민공은 질투심을 해소하기 위하여 자신이 잘하는 바둑으로 내기를 걸었다. 여러 판을 이긴 다음에도 남궁만이 노나라에 포로로 잡혀갔던 수치스러운 일까지 거론하며 모욕을 주었다. 자신이 한 나라의 군주라는 사실을 망각한 채 신하와 놀아나고 인간이라면 누구나 있는 자존심을 깡그리 무시한 것이다. 남궁만에게 쏠렸던 궁인들의 호감이 한순간에 사그라들었다. 민공의 질투는 해소되었을지 몰라도 남궁만은 자존심에 심한 상처를 입었다.

남궁만도 민공과 다를 바가 없다. 솜씨를 한껏 자랑하여 궁인들의 갈채를 받을 수 있었던 것은 어쨌거나 군주에게 명을 받았기 때문이었다. 민공에게 감사를 드리면 될 일이었다. 남궁만은 기분이 우쭐해져 민공이 제안한 내기 바둑에 뛰어들었다가 연속으로 패하였다. 패배를 만회하려고 계속 내기에 집착하는 모습은 그의 강렬한 승부욕과 자존심을 잘 보여 준다. 무참하게 짓밟힌 자존심을 참지 못한 남궁만은 술기운에 민공을 때려죽였고 민공은 비참한 최후를 맞이하였다.

그들은 어째서 그렇게 유별한 승부욕과 자존심을 드러냈을까? 가장 유력한 원인은 궁인의 절대다수가 젊은 여성이었다는 데 있다. 인간은 본능적으로 이성 앞에서 자신을 드러내기를 좋아하고 자신을 좋아하는 상대 앞에서 재주를 자랑하려고 한다. 심지어 인간의 성취감 자체를 이성에 대한 충동적 심리가 승화된 것이라고 보는 심리학적 관점도 있다.

현실 생활에서 남자들 간의 능력과 용기는 평소 내기 거리가 못 된다. 그런데 마음에 드는 상대가 옆에 있는 상황이라면 이야기가 달라진다. 능력과 용기가 첨예하게 충돌하기 일쑤이다. 서로가 자신이 한 수 위임을 뽐내려고 안간힘을 쓴다. 바로 이때 자존심이 특별히 약해지고 또 아주 민감해져 작은 자극과 충격도 용납하지 못한다. 이것을 염두에 두고 민공과 남궁만의 사건을 다시 보자.

민공은 남궁만의 창던지기 솜씨를 진작부터 잘 알고 있었다. 하지만 궁녀들이 남궁만에게 정신없이 환호하고 갈채하는 것은 받아들일 수 없었다. 자신의 자긍심을 침범하는 일이었기 때문이다. 당시의 강상 윤리에 따르면 남궁만은 신하로서 민공의 핀잔 정도는 얼마든지 받아들일 수 있었다. 문제는 그들이 젊은 여성들 앞이었다는 사실이다. 쌍방이 이성 앞에서 실추된 자긍심과 자존심을 만회하기 위해 양보하지 않은 결과 치명적인 충돌을 향해 돌진하고 말았다.

현실에서 우리는 이런 상황을 심심찮게 접한다. 팍팍한 사회생활 때문에 속으로는 부아가 치밀고 한판 제대로 붙어 보고 싶지만 그냥 허탈하게 웃고 넘어가는 상황도 없지 않다. 상대가 직장 상사이고, 연장자이고, 힘 있는 자이고, 돈 많은 자면 우울함과 치밀어 오르는 승부욕을 술로 억누를 때도 많다. 때문에 이 사건의 내막은 사람에 따라 달리 보일 수도 있다. 남궁만은 민공을 시해한 패역무도한 짓에 대하여 책임을 면키 어렵지만 이 결과는 민공이 자초하기도 하였다. 참을 수 없는 모욕을 주는 민공에 맞서 남궁만은 자존심을 지키려 하였고 이를 두고 누구도 뭐라고 할 수는 없을 것이다. 사회적 통념과 낡은 가치관을 벗어던지고 이 사건을 바라보면 속이 후련해지는 느낌도 있다. 다만 자존심을 지키려는 행위가 너무 과격하고 틀을 벗어났을 뿐이다.

힘 있는 자는
치기를 부리지 않는다

나이가 들수록 고개를 숙이는 우리 안의 치기와 승부욕, 그리고 자존심의 의미를 되새기게 하는 약 2,600년 전의 역사적인 사건이었다. 한 가지 분명한 사실은 치기 어린 승부에서 이긴다고 자존감이 올라가는 것은 결코 아니라는 점이다. 앞에서 언급하였듯이 자존감의 밑천은 자신감이고 자신감의 밑천은 실력이다. 그리고 진정 실력 있는 사람은 치기를 부리지 않는다. 이는 진정

실력 있는 사람이 지나간 학력 따위를 내세우지 않는 것과 같다.

그런데 이 어처구니없는 사건을 남자의 치기로만 해석해도 충분할까? 이야기에 등장하는 술에 주목하기를 바란다. 《사기》에는 내기 당시 그들이 술을 마신 것에 대하여 언급되지 않지만 다른 기록에는 민공과 남궁만이 내기 바둑에서 지면 벌주를 마셨다고 되어 있다. 이 기록은 남궁만이 술을 마실 줄 알았다는 추정을 가능케 한다. 또 거푸 술을 마셔 취하였다는 기록으로 보아 주량이 상당하였을 것이라는 추정 또한 가능하다. 내기에 연속으로 져 술을 꽤 마신 상태에서도 남궁만은 내기를 고집하였고 그때마다 술을 더 마셨기 때문이다. 결국 남궁만은 술기운에 민공을 때려죽였다.

남궁만과 술의 관계는 이걸로 끝이 아니다. 그는 송나라를 쑥대밭으로 만든 다음 진나라로 달아났다. 송나라는 진나라에 뇌물을 보내 남궁만을 송환시켰다. 진나라가 남궁만을 붙잡을 때 써먹은 수법이 또 술이었다. 여자까지 동원되었다. 술과 여자에 취한 남궁만은 맥없이 붙잡혀 송나라로 송환되었고 결국 육포 신세가 되었다. 사마천은 당시 남궁만이 마신 술에 대해 "좋은 술"이라고 표현하였다. 이는 그가 평소 술을 아주 즐겼다는 추정을 가능케 한다. 남궁만은 좋은 술과 여자라면 사족을 못 쓰는 자였던 셈이다.

신하가 임금을 바둑판으로 때려죽인 희대의 사건을 부추긴 것은 술이었다. 여자들 앞에서 떠벌이는 남궁만의 치기 또한 술버릇의 다른 버전에 지나지 않았다. 게다가 도망친 남궁만을 붙잡아 송환시키는 데 결정적인 역할을 한 것 역시 술이었다. 술이 남궁만을 망쳤다고 할 수 있다.

하지만 오직 술 때문에 실수로 그런 행동을 하였을까? 나의 결론은 그게 아니다. 술 때문에 실수로 부적절한 행동을 한 것이 아니라 술이 남궁만의 부적절한 행실을 끌어낸 것이다. 다시 말해 남궁만이 원래 그런 사람임을 술이 드러냈을 뿐이다. 술은 핑계에 지나지 않는다. 원래 그런 자들이 술의 힘을 빌려 좀 더 과감하게 부적절한 행동을 저지른다. 술이 원수가 아니라 오히려 술에 감사해야 한다. 술은 아무 잘못도 없다. 그래서 술은 좋은 사람과 마셔야 한다.

명성이 실제와 맞아떨어져야 한다

진희의 명예

자기 자리가 아닌데 차지하는 것을 '자리를 탐한다'라 하고,
자기 명예가 아닌데 가지려는 것을 '명예를 탐한다'라고 한다.

非其位而居之曰貪位, 非其名而有之曰貪名

비기위이거지왈탐위, 비기명이유지왈탐명

권68 〈상군열전〉

2014년 한국사마천학회를 창립하면서 나는 위대하고 고귀한 사마천의 삶을 생각하며 '사마천 정신' 다섯 항목을 앞세웠다. 소개하자면 이렇다.

학력보다는 실력을,
자격보다는 인격을,
권위보다는 품위를,
금전보다는 명예를,
특권보다는 책임을.

50대에 접어들면 명함의 무게가 더 무겁게 느껴진다고들 한다. 맡은 일과 사회적 위치에 따른 책임이 그만큼 무거워지기 때문이리라. 그러나 책임과 명예가 뒷받침되지 않는 명함은 아무리 거창해도 공허할 따름이다. 어떤 사람은 사마천 정신의 네 번째 항목인 '금전보다는 명예를'을 '명함보다는 명예를'로 바꾸면 어떠냐며 웃었다. 명성과 자리에 목을 매는 세태이다 보니 나름 고개가 끄덕여지기도 하였다.

명예는 명성을 얻으면 자연스럽게 따른다. 그런데 이 둘은 자신보다는 주위의 역할과 작용이 더 크다. 때문에 명예와 명성이 실제와 다르게 부풀려지거나 잘못 알려지는 경우가 적지 않다. 특히 명성과 명예를 얻어 권력과 부를 빠르게, 비정상적으로 차지하려는 욕심을 가진 자들이 민심과 여론을 조작하고 매수하는 일이 많다.

명성은 실제 또는 실질과 맞아떨어져야 한다. 이것이 '명실상부(名實相符)'이다. 명실상부해야 진정한 명예가 따른다. '명실상부'를 흔히들 입에 올리지만 정작 명실이 상부하는 사람을 만나기란 쉽지 않다. 그만큼 이름(명성)과 실질이 맞아떨어지기가 어렵다는 말이다. 명성에 초점을 맞추어 이야기를 끌어가 본다.

실제를 따르지 못했던 진희의 명성

전국시대 조(趙)나라의 무령왕은 복장을 비롯한 나라의 풍속 전반을 개혁한 개혁 군주로 역사에 이름을 남겼다. 기원전 381년 조나라를 제외한 동방의 여섯 나라 중 다섯 나라가 앞을 다투며 '왕'이라는 호칭을 사용하기 시작하였다. 무령왕은 여전히 '군'이라는 호칭을 고집하였다. 아직 왕을 자칭할 만큼 조나라의 국력이 갖추어지지 않았다고 판단한 것이다. 그러면서 무령왕은 "그만한 실질이 없이 어찌 그만한 명분이 있을 수 있다는 말인가"라고 하였다.

《장자》에 보면 "명성(이름 또는 명분)은 실질의 손님이다"라는 대목이 나온다. 무슨 일을 하든 이름(명성)과 실질이 부합해야 한다는 뜻이다. 그래서 '칭찬만 들리는 사람은 일단 의심해 보라'는 말도 나왔는데, 사마천은 명성이 실제(실질)를 앞지르는 사람을 두고 "명성과실(名聲過實)"이라 하였다. 명성이라는 것이 실제보다 부풀려지기 마련이기 때문에 그 명성만으로 사람을 쉽사리 판단하지 말라는 경고성 메시지가 담겨 있는 말이다. 사마천은 한나라 초기 반란을 일으켰던 진희라는 인물을 평가하는 자리에서 다음과 같이 실제를 따르지 못하는 명성의 허구를 꼬집었다.

"진희는 양나라 사람이었다. 그는 젊었을 때 자주 위공자 신릉군을 칭찬하면서 그를 사모하였다. 군대를 거느리고 변경을 지킬 때도 빈객을 불러 모으고 몸을 낮추어 선비들을 대접하니 명성이 실제를 앞질렀다. 그러나 주창은 이 점을 의심하였다. 그래서 보니 결점이 매우 많이 드러났다. 진희는 화가 자신에게 미칠 것을 두려워하던 차에 간사한 무리의 말을 받아들여 급기야는 대역무도한 행동에 빠지고 말았다. 아아, 서글프다! 무릇 어떤 계책이 성숙한가 설익었는가 하는 점이 사람의 성패에 이다지도 깊게 작용하는구나!"

진희는 한나라 건국에 공을 세웠지만 끊임없이 딴마음을 품었다. 주창이 이 점을 고발하자 그는 한신, 흉노와 결탁하여 반란을 일으켰다. 주창은 화려한 명성 뒤에 감추어져 있는 진희의 진면목을 제대로 간파하였다.

명성과실은 오늘날처럼 SNS 같은 다양한 언로가 열린 세상에서도 여전히 하나의 사회 현상으로 자리 잡고 있다. 집단 지성의 시대가 되었다고 하지만 지성이 올바른 방향을 찾기란 여간 힘들어 보이지 않는다. 명성과실의 사이비가 너무 많이 설치기 때문이다.

우리 주위를 둘러보아도 명성이 실제를 앞지르는 사람이 너무 많다. 이런 자들은 마치 양파 같아서 벗기고 나면 아무것도 남는 것이 없다. 실속 없는 화려한 겉모습, 현란한 언변, 확인할 길 없는 다양한 스펙에 현혹되어 이들에게 우리가 너무 지나친 명성을 가져다 바친 것은 아닌지 냉정하게 평가하고 되돌아볼 때이다. 칭찬만 들리는 사람은 일단 의심해 보라.

오십은 성공과 성취가 따르는 나이이다. 당연히 명예가 따르고 이런저런 명함도 생긴다. 바로 그때를 경계해야 한다. 헛된 명예에 홀리면 애써 이룬 성공과 성취가 한순간에 날아가기 때문이다. 100세 시대이다. 인생의 절반에서 성취한 것을 지켜 내고 그 여력으로 100세를 살아 내려면 명예보다 실속을 차려야 한다. 예나 지금이나 창업보다 수성이 어렵기는 매한가지이다.

단단한 망치가 되어라

신릉군의 리더십

사람에게 부끄럽지 않으면 하늘조차 무섭지 않다.

不愧于人, 不畏于天

불괴우인, 불외우천

《시경》〈소아〉

50대는 리더 자리에 오를 확률이 가장 높다. 그 자리에 오르기 위해 나름의 노력을 하였고, 또 충분히 감당해 낼 수 있는 연령대이기 때문이다. 또한 그 자리에 오르기 위해 갖추어야 할 자질, 즉 리더십을 갖추었기 때문이다. 그런데 바로 그때부터 리더를 향한 진짜 시험이 시작되고 자신의 리더십에 대하여 더욱 깊게 성찰해야 한다고 말하는 사람이 많다. 책임이 더 큰 자리로 갈 수 있고, 가야 하고, 가고 싶기 때문이다.

오십에게 리더와 리더십에 관하여 강조하고 싶은 말이 있다. 리더가 단단한 망치가 되어야 한다는 것이다. 망치는 쇠를 두드리는 도구이다. 쇠를 제대로 두드릴 수 있으려면 망치가 단단해야 하는 것은 물론이다. 리더는 먼저 스스로 단단해져야 한다. 그래야만 조직과 조직원을 단단하게 두드릴 수 있기 때문이다.

리더는 타고나는 존재가 아니다. 훈련하고 단련하여 만들어지는 존재이다. 때로는 시련도 겪는다. 때문에 사회 각계각층의 리더에게 요구되는 리더십은 수도 없이 많고 지금도 쏟아지고 있다. 나는 수천 년 역사 속의 리더들와 리더십에 관해 20년 가까이 책과 강의, 영상 등을 통해 소개하였다. 여기서는 2021년에 낸 책 《리더의 망치》에서 소개한 동양의 리더십 항목 20개를 소개하려고 한다. 역사서를 비롯한 여러 서적을 두루 참고하여 이 항목들을 추출하였다. 리더십을 심화하는 단계이자 20개의 망치이다. 관심 있는 사람은 책을 참고하면 좋겠다. 유튜브 채널 '김영수의 좀 알자, 중국'에 이 내용을 강의한 영상이 있으니 함께 시청할 수 있다.

리더를 만드는
자질론, 관계론, 조직론

리더의 6가지 자질론

리더 개인적 차원의 자질 함양을 위한 방법론으로, 리더십의 기본 항목이다. 자기 수양과 자기 훈련에 가까운 항목들이다.

- 명기(明己): 자신을 투명하게 하라. 명기는 자신을 투명하게 만드는 고통스러운 과정이다.
- 위공(委功): 공은 조직원에게 돌려라. 진심으로 위공을 하면 당사자뿐만 아니라 주변인의 마음까지 얻을 수 있다.
- 납간(納諫): 충고와 직언을 흔쾌히 받아들여라. 흥하는 리더는 남이 말해 주지 않으면 어떡하나 걱정하고 망하는 리더는 남이 무슨 말을 하지나 않을까 걱정한다.
- 석원(釋怨): 묵은 원한과 섭섭함은 빨리 풀어라. 석원은 확고한 공사 구분의 자세와 정신이 전제되어야 가능하다.
- 남과(攬過): 잘못은 리더가 끌어안아라. 잘못을 끌어안으면 민심을 끌어안을 수 있다.
- 신범(身範): 내 몸으로 모범을 보여라. 마음에 앞서 행동이 표본임을 잊지 마라.

리더의 7가지 관계론

겉으로 드러나는 리더의 객관적 자질이자 그것을 나타내는 방법론으로 끊임없는 노력과 공부, 수많은 경험과 관계 및 시행착오를 통해 갖추어진다.

- 양현(讓賢): 유능한 사람에게 양보하라. 자기보다 유능한 자에게 양보하는 것은 가장 고귀한 품덕이자 공사 분별의 기본이다.
- 성구(誠求): 간절히 구하라. 간절히 구하되 실질적으로 동원할 수 있는 모든 방법을 동원할 줄 알아야 한다.
- 천거(薦擧): 인재를 기꺼이 추천하라. 사심 없는 추천은 또 다른 인재의 추천이라는 도미노 현상을 일으킨다.
- 적대(赤待): 진정으로 인재를 대하라. 진정으로 마음을 주되 맹목적인 심복으로 만들어서는 안 된다.
- 문병조휼(問病弔恤): 문병, 조문, 보살핌을 잊지 말라. 세심한 배려야말로 큰일을 성취하는 밑거름으로 작용한다.
- 예존(禮尊): 예의로 존중하라. 예를 갖추어 인재를 존중하는 것은 동서고금의 변치 않는 최선의 방법이다.
- 수해(樹楷): 모범이 되는 사람을 발굴하라. 진취적이고 다양한 롤 모델을 적극 발굴하여 제시하라.

리더의 7가지 조직론

실적 검증과 그에 따른 격려, 징계 등 상벌의 방법론으로, 조직의 시스템을 효율적으로 정비하는 리더십 항목들이다.

- 시관(試官): 자리를 시험하라. 인재의 적극성을 자극하는 합리적 시스템으로 정착되어야 한다.
- 과거(科擧): 공적인 시험 제도를 마련하라. 정기적으로 시행하되 융통성과 창의성을 가미한 인재 선발 시스템을 만들어라.
- 고적(考績): 실적을 살펴라. 공정, 공개, 공평에 입각한 '삼공'의 원칙으로 성과와 실적을 평가하되 과정을 무시하지 않도록 하라.
- 포양(褒揚): 칭찬하고 격려하라. 포양은 상하좌우 관계의 협조를 끌어낼 수 있어야 한다.
- 장상(奬賞): 적절하게 장려하고 상을 내려라. 상은 선도와 격려의 기능을 끝까지 견지해야 한다.
- 경벌(輕罰): 실제 처벌은 가볍게 내려라. 벌은 가볍되 왜 벌을 받는지 확실하게 알고 기꺼이 받아들이게 하라.
- 엄징(嚴懲): 징계는 벌과는 다르되 엄정해야 한다. 실수의 반복을 막기 위한 장치이다.

사마천의 《사기》에는 이러한 리더십들을 발휘하여 성공한 수많은 사람의 사례가 등장한다. 이 때문에 나는 《사기》를 '리더십의 교과서'라고도 부른다. 위에서 소개한 리더의 7가지 관계론 중 '예존'으로 인재를 극진히 대우하였던 신릉군의 사례를 들어 본다.

전국시대 4공자 중 한 사람이었던 위나라의 신릉군은 다른 공자들과는 달리 사마천으로부터 '위공자'라는 존칭으로 불렸다. 바로 '예존'이라는 리더십 때문이었다. 그는 신분고하를 막론하고 자신의 몸을 낮추어 인재를 대우하였다. 이런 리더십 때문에 서방의 강대국 진나라를 비롯한 주위의 여러 나라가 위나라를 감히 넘보지 못하였다고 한다.

리더는 학력보다 실력을 갖추어야 하고 실력 있는 인재를 존중해야 한다. 우리 사회의 학력, 학벌 중시는 사회적으로 많은 문제를 초래하였다. 이 때문에 세계 경쟁에서 많이 뒤떨어져 있다. 오십은 실력이 절정에 오르는 때이다. 그 정점에서 이제는 실력 있는 후배들을 발굴해서 우대해야 한다. 그것이 리더십이다.

자기 분야에서 일가를 이루어라

제자백가의 성공

천지자연과 인류 사회의 관계를 탐구하고,
과거와 현재의 변화를 꿰뚫어 일가의 말씀을 이루고자 하였다.

究天人之際, 通古今之變, 成一家之言

구천인지제, 통고금지변, 성일가지언

사마천, 〈보임안서〉

성공을 바라지 않는 사람은 없을 것이다. 그런데 성공의 지표는 무엇일까? 지표란 방향이나 목적, 기준 따위를 나타내는 표지를 말한다. 그렇다면 자리, 돈, 권력, 명성, 사업 등이 성공의 지표가 될 수 있겠다.

여기서는 성공의 지표를 '제자백가(諸子百家)'라는 단어로 풀어 볼까 한다. '여러 사상의 대표적 인물과 학파'라는 의미로 볼 수 있다. 제자백가는 '제자'와 '백가'가 합쳐진 단어이다. '제자'에서 '아들 자(子)'는 춘추전국시대에 가장 유행했던 글자로 두 가지 뜻을 가지고 있다. 사람을 가리킬 때는 '선생'이라는 뜻이고 저술을 가리킬 때는 '전집'이라는 뜻이다. 예를 들어 '맹자'는 '맹자 선생'과 '맹자 전집'이라는 뜻을 동시에 갖는 말이다. '공손룡자'의 경우 사람을 가리킬 때는 '공손룡 선생'이 되고 저술을 가리킬 때는 '공손룡 전집'이 되는 것이다. 그리고 '가'는 글자대로 '한 집안', '일가(一家)'를 말하며 구체적으로는 일가를 이룬 학파와 사상가를 가리킨다. '제자백가'를 한 번 더 쪼개면 '제'와 '자'와 '백가'의 합성어이다. 백가의 '백'은 '여러'를 뜻하는 '제'와 마찬가지로 구체적인 수를 가리키는 것이 아니라 '많음'을 뜻한다.

모든 사상과 학파가 춘추전국시대에 한꺼번에, 동시에 출현한 것이 아니기 때문에 제자백가에도 선후의 차이가 있다. 주의해야 할 점은 백가가 창시된 시점에는 앞서고 늦음이 있지만, 서로 자기 주장을 내세우고 발전해 간 역사에는 앞서고 늦음이 없다는 사실이다. 기원전 221년 진나라가 통일을 이룰 때까지 끊이지 않고 발전이 계속되었기 때문이다. 또 각 학파는 한곳에서만 다투지 않았으며 한데 모여 회의하는 방식의 학술 토론도 아니었다. 각국에 흩어져서 그 지역의 문화적 배경과 정치·사회·역사적 배경에 따라 다른 목소리를 냈다.

내가 우선 주목하는 글자는 집을 뜻하는 '가(家)'이다. 그리고 이 많은 선생이 저마다 자기 주장을 내세웠고 그중 대표적인 주장들이 책으로 남아 있다는 사실에 주목한다. 다시 말해 특정 방면에서 '일가'를 이룬 사람들이 곧 제자백가였다는 것이다.

세계사의 결정적인 축 춘추전국시대의 백가

기원전 8세기 무렵부터 기원전 3세기에 천하가 통일될 때까지 약 500년에 이르는 이른바 춘추전국시대는 사상과 철학 방면에서 중국 역사상 최고의 전성기였다. 우리가 알고 있는 사상가, 철학자, 교육자 중 이름에 '자', 즉 선생을 뜻하는 글자가 붙은 이들은 모두 이 시기의 사람들이었다.

독일의 철학자 칼 야스퍼스는 기원전 8세기부터 기원전 3세기까지의 세계사를 '축의 시대(Achsenzeit, Axial Age)'라고 일컬었다. '축의 시대'라는 용어는 1949년 출간된 그의 저서 《역사의 기원과 목표(Vom Ursprung und Ziel der Geschichte)》에 처음 등장하였다. 이 시기 동서양에서 인도의 석가모니, 중국의 공자, 그리스의 소크라테스 같은 여러 사상가가 등장하여 세계사의 축이 형성되었다는 것이다. 야스퍼스는 이 시기에 새로운 사상과 철학이 직접적인 교류 없이 중국, 그리스, 인도, 페르시아에서 거의 동시에 발생하였다고 주장하면서 미래의 철학과 종교에 영향을 미친 이 시기의 핵심 사상가들과 그들 사이에 공통적으로 떠오르는 특징 등을 분류하였다. 놀랍게도 이 시기에 출현한 동서양의 철학가와 사상가가 지금도 세계적으로 큰 영향을 미치고 있다.

야스퍼스가 말한 '축의 시대'는 중국의 춘추전국시대와 거의 정확하게 일치하며 그 축을 형성하는 데 결정적인 역할을 한 것이 바로 제자백가이다. 공자의 유가, 노자의 도가, 묵자의 묵가, 한비자의 법가 등 수많은 사상가가 출현하여 저마다 일가를 이루며 중국의 역사를 화려하게 수놓았다.

사마천은 제자백가의 주요 학파와 사상가들의 전기를 남겼다. 〈공자세가〉를 비롯하여 노자, 맹자, 순자, 한비자, 신불해, 손자, 오기 등 춘추전국시대 각 방면의 전문가들이 남긴 행적을 기록하였다. 그리고 자신이 역사서를 남기고자 하는 동기와 목표를 다음과 같은 명언으로 남긴 바 있다.

"천지자연과 인류 사회의 관계를 탐구하고, 과거와 현재의 변화를 꿰뚫어 일가의 말씀을 이루고자 하였습니다."

사마천의 역사 서술 방법과 목적, 사관을 아주 잘 나타내는 명구이다. 시간과 공간에서 벌어지는 인간의 총체적 활동과 그 변화를 통찰하는 것이야말로 역사가의 책무이며 역사가는 이를 통해 자신의 역사관을 표출한다. 내가 주목한 것은 마지막 "성일가지언"이었다. '일가의 말씀'이란 곧 사마천 자신의 주장과 관점을 말한다. 그 결과물이 바로 《사기》라는 위대한 역사서이다.

성공이란 '공을 이룬다'는 뜻이다. '공'이란 밖으로 드러난 일을 말한다. 사마천은 역사서를 세상에 드러냈고 이것이 곧 사마천의 성공이었다. 사마천은 이를 '일가를 이루고 싶다'고 하였다.

누구나 일가를 이룰 수 있는 시대가 되었다. 성공의 지표가 크게 달라졌다. 과거에는 누구도 돌보지 않았던 아주 사소한 일에 수많은 사람이 갈채를 보낸다. 하지만 일가를 이룬다는 점에서는 달라진 것이 없다. 성공의 지표로 일가를 추천하고 싶다. 즉 성공이란 '자기 일이나 특정한 분야에서 일가를 이루는 것'이라고 정의하고 싶다.

어떤 해답은 측면에, 어떤 해답은 맥락에 숨어 있다

위왕과 도주공의 안목

(눈은) 가는 터럭까지 보면서도 자기 속눈썹은 못 본다.

見毫毛而不見其睫

견호모이불견기첩

권41 〈월왕구천세가〉

'골동품은 돈으로 거래되지만 문화재는 안목으로 거래된다'는 말이 있다. 안목은 단순히 눈에 보이는 것을 인지하는 능력뿐만 아니라 사물과 사람에게서 눈에는 보이지 않는 면을 찾아내는 힘을 가리키기도 한다. 때로는 미래에 대한 어느 정도의 예측 능력까지 포함하는 상당히 높은 차원의 개념이다.

안목은 관점을 전제로 하며 나아가 일반적이지 않은 관점을 요구한다. 이때 그 관점이 다른 사람의 공감을 얻으면 안목이 있다고 평가한다. 관련한 역사 사례를 보고 이야기를 이어 간다.

난제를 해결하는 도주공의 두 가지 관점

한나라 때의 목록학자 유향이 지은 《신서》의 〈잡사〉를 보면 춘추시대 월나라의 대신 범려의 후손으로 추정되는 전국시대 도주공의 안목과 식견에 관한 일화가 나온다.

위(魏)나라에 판결하기 어려운 사건이 하나 발생하였다. 군신 가운데 절반은 그 사건에 대해 유죄라고 판정하였고 나머지 절반은 무죄라고 판정하였다. 위왕도 결단을 내리기가 어려웠다. 이에 위왕은 "평민의 신분으로 거부가 된 도주공에게는 틀림없이 기가 막힌 지혜가 있을 것이다"라며 도주공을 불러 사안의 경위를 설명한 후 어떻게 처리하는 것이 좋겠냐고 자문을 구하였다. 도주공의 대답이 다음과 같았다.

"저는 일개 평민에 지나지 않아 이런 형사 사건을 판결할 줄은 모릅니다. 제 집에 흰 옥이 두 개 있사온데 색도 같고 크기도 같고 광택도 같습니다. 그런데 하나는 1,000금이 나가고 하나는 500금이 나갑니다."

"색도 크기도 광택도 똑같은데 어째서 값이 다르오?"

"그것들을 옆에서 가만히 살펴보면 하나가 좀 더 두껍습니다. 그래서 값이 배나 더 나가지요."

"옳거니! 죄를 판정하기가 어려우면 사면하면 되고, 상을 줄지 말지 판단하기 어려우면 그냥 상을 주면 되지!"

위왕은 결단을 내리기 힘든 문제에 직면하여 도주공에게 가르침을 청하였다. 도주공은 문제를 어떻게 처리해야 할지 직접 말하지 않고 자신이 사업에서 흔히 부딪히는 백옥 값의 난제를 예로 들어 비유함으로써 어려운 문제를 풀 때 가져야 할 두 가지 관점을 알려 주었다. 하나는 옆에서 살펴보는 것이고 또 하나는 두꺼운 것이 귀하다는 것이었다. 위왕은 이 말을 알아듣고 가벼운 처벌을 주는 쪽으로 바로 판정을 내렸다. 위나라 백성은 왕의 조치에 크게 만족하였다.

옆에서 살펴보아라

결정하기 어려운 일을 마주할 때 우리는 판단의 곤혹스러움에 직면하고, 그 결과 잠재된 이익과 손해 또는 우세와 열세를 놓고 분명한 분석을 내리지 못한다. 도주공이 옆에서 살피라고 한 것은 실제로는 늘 관찰하던 방식, 즉 기존의 시각을 버리고 새로운 각도에서 사안을 다시 봄으로써 기존의 시각으로는 이해관계를 밝히거나 우열을 판단할 수 없음을 깨달으라는 조언이었다.

일반적으로 어떤 사안에 대하여 결단을 내릴 때 우리는 이익이나 도덕적인 기준, 자신만의 가치 표준에 근거한다. 그러나 사안을 옆에서 관찰하면, 즉 새로운 각도에서 바라보면 판단할 때 새롭게 참고할 만한 정보를 얻을 수 있다. 새로운 좌표와 정보를 통해 이전과는 다른 인식을 자연스럽게 얻을 수 있다. 그렇다고 새로운 인식이 기존의 인식을 뒤엎는 것은 아니다. 사안과 관련한 우리의 인식이 더욱 풍부하고 완전해지게 해 주며 우리가 내리는 결단에 더욱 충분한 근거를 제공하여 결단 과정에서 발생할 곤혹스러움을 해소한다.

사물을 정면에서 보든 측면에서 보든 실제로는 모두 가치 지향의 문제가 존재할 수밖에 없다. 바꾸어 말해 사안의 우열에 대한 판단은 늘 어떠한 기준을 준수할 수밖에 없다. 그래서 도주공은 위왕의 판단에 계발을 주기 위하여 비유 안에 '두꺼운 것이 귀하다'는 가치 판단을 슬쩍 끼워 넣었다. 보통 사람이라면 도주공의 "두꺼운 것이 귀하다"라는 말에서 일단 특별한 느낌을 가질 것 같다. 그러나 정작 귀중한 것은 그다음의 '사물을 측면에서 보라'는 권유이다. 관점이 달라지면 안목도 달라질 수 있기 때문이다. 바로 이것이 전통 문화에서 볼 수 있는 생동감 넘치는 가치관의 표현이고 우리는 역사를 공부하면서 이런 점을 배운다.

두꺼운 것이 귀하다

이 일화에서 우리는 당연히 도주공이 말한 '두꺼운 것이 비싸다' 또는 '두꺼운 것이 귀하다'는 표현에도 주목해야 한다. '두껍다'는 뜻의 '후(厚)'에 또 한 층의 암시가 내포되어 있기 때문이다. 《주역》의 '곤(坤)'괘에서는 "군자는 후덕(厚德)으로 재물을 얻는다"라고 하였고 《국어》에서는 "후덕한 자만이 복을 많이 받는다"라고 하였다. 이는 너그럽고 후한 태도로 인생을 살라고 사람들에게 권하는 말들이다.

위왕은 도주공이 말한 '후'의 의미를 알아들었다. 이왕이면 후하게 처리하라는 의미를 읽어 낸 것이다. 그래서 시시비비의 관점에서 뿐만 아니라 처세의 각도로 다시 이 사안을 살폈다. '두꺼운 것이 귀하다'는 가치관을 받아들여 일순간에 깨달음을 얻을 수 있었다. 나아가 그는 치국을 위한 새로운 사유의 길을 열었고 백성이 크게 만족하는 효과를 거두었다.

《신서》에서는 도주공으로부터 자극을 받아 후덕의 의미와 치국 방식에 대하여 새로운 인식을 얻은 위왕이 다음과 같이 말을 이어 나간다.

"이렇게 보면 담이 얇으면 무너지고, 옷감이 얇으면 찢어지며, 그릇이 얇으면 깨지고, 술이 얕으면 이내 시어진다. 무릇 각박하면서 오래 버티는 자는 없다."

올바로 보고, 듣고, 마음을 쏟아라

제곡의 총명함

남의 말을 돌이켜 듣는 것을 '총(聰)'이라 하고,
안을 들여다보는 것을 '명(明)'이라 하며,
자신을 이기는 것을 '강(强)'이라 한다.

反聽之謂聰, 內視之謂明, 自勝之謂强

반청지위총, 내시지위명, 자승지위강

권68 〈상군열전〉

우리가 바로 앞에서 이야기 나눈 '안목'이 깊어지면 식견이 생긴다. 식견이란 사람과 사물을 다양한 관점으로 살폈을 때 갖추게 되는 인식 능력으로, 사람과 사물의 이면을 꿰뚫어 보는 힘이다.

관점, 안목, 식견은 인간의 인지와 인식 능력이 심화되는 과정이다. 이 능력들은 기본적으로 사물을 보는 눈과 관련이 있다. 그러나 밝은 시력 외에도 잘 듣는 청력과 보고 들은 것을 자신의 것으로 만드는 두뇌 활동까지 동원되어야 한다. 그리고 이 모든 것의 기본이 총명함이다. 총명의 '총(聰)'은 귀가 밝다는 뜻이고 '명(明)'은 눈이 밝다는 뜻이다.

식견을 갖추기 위한 전제 조건이자 모든 일을 제대로 풀어 나가는 기본기로서의 '총명'에 대하여 이야기를 나눌까 한다. 그에 앞서 총명함과 관련한 재미있는 일화 하나를 소개한다.

나이로 총명함을 판단할 수 없다

동한의 대학자이자 건안 칠자(建安 七子)의 한 사람으로서 당시 문단과 문화계를 주도했던 공융은 거침없는 논변으로 어릴 때부터 두각을 나타냈다. 그는 그 거침없는 언사 때문에 결국 조조의 심기를 건드려 가족과 함께 처형당하는 불행을 겪었다. 하지만 권력자에게 아부하지 않고 당당하게 할 말을 한 강직함 때문에 그의 명성은 청사에 길이 남게 되었다. 다음은 《후한서》〈공융전〉 등에 기록된 관련 일화이다.

공융은 10세 무렵 아버지를 따라 경성에 왔다. 당시 오늘날의 도지사에 해당하는 하남윤으로 있던 이응은 위인이 장중하여 아무하고나 사귀지 않는 명사였다. 당대에는 명망가가 아니고서는 그의 얼굴을 보기 힘들었다. 공융은 이응의 풍채를 확인하고자 일부러 그의 집을 찾아갔다. 집 앞을 지키고 있던 문지기에게 어린 공융은 "나는 이 대인과 대대로 친분이 있는 집안의 자제이외다"라고 자신을 소개하였다. 문지기가 이를 알리자 이응은 공융을 안으로 청해서는 의아하다는 듯 "네 할아버지와 내가 서로 알고 지내는 사이던가"라고 물었다. 공융은 이렇게 말하였다.

"그렇습니다. 제 조상인 공자와 대인의 조상인 노자(노자의 성이 이씨였다)께서는 서로를 존경하며 예를 논하면서 친구처럼 지냈습니다. 그러니 저희 공씨 집안은 대인의 집안과 대대로 깊은 우의를 나눈 사이가 아닐는지요."

이응은 물론 그 자리에 있던 모두가 공융의 당당하고 거침없는 응대에 감탄을 금치 못하였다. 얼마 뒤 태중대부인 진위가 조금 늦게 와서는 이 일을 전해 들었다. 그는 웃으면서 "어린 나이에 이렇게 총명한 걸 보니 커서 남다른 인재가 되기는 어렵겠다"라고 비꼬았다. 그러자 공융이 태연하게 응수하였다.

"보아하니 선생께서는 어려서 아주 총명하셨겠습니다."

이응을 비롯한 좌중이 박장대소하며 "이 어린 친구는 커서 틀림없이 비범한 인재가 될 것이다"라며 입을 모았다.

공융은 어려서부터 총명한 사람은 커서 큰 인재가 될 수 없다는 진위의 비아냥과 편견을 보기 좋게 깨 버렸다. 지금 선생의 멍청한 모습을 보니 어렸을 때 분명 총명하였을 것이라는 논리로 진위의 야유를 되돌려 주었다. 진위가 한 말의 모순을 찾아 반격한 것이다.

어른들은 똑똑한 젊은이를 원한다고 하면서 막상 그런 젊은이가 나타나면 거부하고 배척한다. 버릇이 없다느니 당돌하다느니 건방지다느니 하며 말도 안 되는 이유를 들이댄다. 말이 막히고 논리가 궁색해지면 나이를 들먹이고 학교를 들추며 출신지를 캐는 것이 우리 사회 어른들의 못난 행태이다. 공융은 어리지만 날카로운 입심과 정확한 논리로 당대 최고 명사들을 무색케 하였다. 진위처럼 사서 치욕을 당하지 않으려면 옹색한 논리로 젊은이들을 배척해서는 안 된다. 총명한 사람이라면 이런 못난 언행은 하지 않는다.

헤아리려는 마음이 더해져야 한다

《사기》의 첫 권인 〈오제본기〉는 상고시대 다섯 제왕들의 기록이다. 사마천은 이들의 공통된 리더십 가운데 하나로 흥미롭게도 총명함을 거론한다. 구체적으로는 제곡이라는 제왕에 대하여 이렇게 기록하였다.

귀가 밝아 먼 곳의 일을 알고, 눈이 밝아 미세한 곳까지 살핀다.

聰以知遠, 明以察微.

총이지원, 명이찰미.

리더는 백성의 목소리에 귀를 기울이고 백성의 삶을 두루 살필 수 있어야 한다. 덕과 능력을 겸비한 리더의 조건을 사마천은 이렇게 표현하였다. 리더는 우선 총명해야 한다. 그래야 사리분별이 가능하다.

'총명'은 단순히 밝은 눈과 귀라는 신체적인 능력 차원의 단어가 아니다. 우리가 잘못 알고 있듯이 머리가 좋다는 뜻도 아니다. 백성의 몸과 마음을 제대로 헤아리려는 리더의 마음을 염두에 둔 단어이다. 이런 마음 없이 눈 밝고 귀 밝으면 큰 문제가 된다. 사사건건 자기가 잘났다고 나서며 모든 일을 혼자 처리하려 들 것이기 때문이다.

법가 사상의 집대성자로서 리더와 리더십에 관하여 깊은 통찰을 남긴 한비자는 "가장 못난 군주는 자신의 재능만 믿고 이용하려는 자"라고 꼬집었다. 눈과 귀만 밝은 리더가 이렇고, 이런 리더는 사리분별을 못한다. 최상의 리더는 백성의 몸과 마음을 헤아려 그들의 지혜를 활용할 줄 아는 리더이다.

사리 분별이 안 되는 소위 '사회 지도층' 인사와 사이비 지식인이 넘쳐 나는 세상이라서 더 가슴에 와닿는다. 나이가 들면서 꼰대나 속물의 길로 흐르지 않고 나름 식견을 갖추려면 무엇보다 진짜 총명해야 한다.

총명함은 어디에서 나오는가? 바로 보고 듣는 데서 나온다. 보고 들은 바에 대하여 거듭 생각하면서 총명함은 깊어진다. 그러기 위해서는 제대로 된 것, 올바른 것을 보고 들어야 한다. 편견이나 선입견에 사로잡혀 가짜 뉴스나 거짓 정보 따위에 홀려서는 안 된다. '불혹'을 넘어 '지천명'으로 가는 나이임을 명심하자. 오십이 바로 서면 사회와 나라가 바로 선다. 오십이야말로 총명함의 절정기이다.

기다림은 영광을 위한 시간이다

《사기》에 담긴 신념

작은 의리를 버리고 큰 치욕을 갚아 그 이름을 후세에 남기다.

棄小義, 雪大恥, 名垂于後世

기소의, 설대치, 명수우후세

권66 〈오자서열전〉

나이가 들면서 확고하게 자리 잡는 신념은 사람을 보다 크고 당당하게 만든다. 물론 그 신념이 바른 것이어야 하고 제 방향을 가리켜야 한다. 자기 성찰 없는 삐뚤어진 신념은 스스로는 물론이고 주위에도 피해를 준다. 니체는 "무모한 신념은 거짓보다 더 위험한 진리의 적"이라고 하였다. 생활과 행동, 즉 실천이 뒷받침되지 않은 신념은 공허한 자기기만에 지나지 않는다.

'신념'이 무엇인가? 사전적 의미는 '굳게 믿는 마음'이다. 옳다고 생각하는 것에 대한 굳은 믿음이다. 따라서 자신이 생각하는 것이 진정으로 옳은지에 대한 끊임없는 자기 성찰이 따르지 않으면 신념은 자신과 주위를 해치는 위험한 무기로 변질된다.

나는 사마천의 《사기》를 만난 후로 늘 다음과 같은 마음으로 공부한다. 이 마음이 신념인지는 확신할 수 없지만 적어도 지금 이 순간까지는 변하지 않고 있다.

지식 없는 열정은 무모하며, 열정 없는 지식은 무미하다.

과장된 지식은 허망하며, 거짓된 지식은 사악하다.

분별없는 지식은 위험하다.

생각 없는 지식은 공해이며, 지식을 오용하고 악용하는 지식인은 사회의 흉기이다.

신념은 해야 할 일과 뗄 수 없는 관계이다. 신념을 관철하려면 많은 시간이 필요하다. 따라서 신념에는 오랜 기다림이 따른다. 때로는 죽은 다음에야 신념이 빛을 보기도 한다. 신념과 기다림에 대하여 이야기해 보자.

고통이 예술로 승화되는 역설의 시간

강인한 신념으로 큰일을 성취하거나 뜻한 바를 이룬 사람들치고 기다리지 않은 사람이 없다. 짧게는 몇 년, 길게는 수십 년, 더 길게는 평생을 기다렸다. 심지어 죽고 난 다음에도 기다린 경우가 적지 않다. 기다림은 인고의 시간이다. 죽음조차 피해 갈 정도로 처절한 고통 속에서 기다린 사람도 적지 않다.

하지만 그들은 모든 역경과 고통, 수모를 견뎌 냈다. 견디는 것에 머무르지 않고 고난의 시간을 원대한 포부와 이상을 단련하는 계기로 썼다. 그 결과 위대한 저술, 심금을 울리는 예술, 치밀한 전략과 전술, 삶에 대한 깊은 통찰이 탄생하였다.

1512년 마키아벨리는 메디치 가문을 반대하는 음모에 가담한 혐의로 투옥되어 '스트라파도'라는 고문을 당하였다. 손목을 등 뒤로 묶어 줄을 들보에 매달아 당기는 고문으로, 어깨의 신경, 인대, 근육이 모두 끊어지고 관절이 빠져나가는 엄청난 고통을 동반하는 가혹한 형벌이다. 여기에 공중으로 끌어올렸다가 갑자기 떨어뜨리는 지독한 방법이 추가되기도 하였다. 어깨는 말할 것도 없고 손목이 부러지며 머리에 큰 충격을 받는다. 아무리 강인한 사람이라도 두세 번을 견디기 힘들다. 마키아벨리는 이 고문을 여섯 번이나 당하였다. 그는 가까스로 살아남아 농장에 은

둔하며 세계사적으로 큰 영향을 남긴 《군주론》을 집필하였다. 1513년에 저술되기 시작한 《군주론》은 1532년에 세상의 빛을 보았다. 마키아벨리는 만신창이가 된 몸으로 20년을 기다렸다.

헤겔과 마르크스를 뛰어넘는 탁월한 시민 사회론을 남겨 네오 마르크시즘의 시대를 열었던 안토니오 그람시는 1926년 무솔리니에 의해 암살 음모에 가담하였다는 혐의로 수감되었다. 당시 그를 기소하였던 검사는 "우리는 이 자의 두뇌가 작동하는 것을 20년 동안 중지시켜야 한다"라며 20년을 구형하였다. 척추 장애인이었던 그람시의 당시 건강 상태를 감안하면 20년은 사형보다 더 지독한 선고가 아닐 수 없었다. 정적에게 그람시가 얼마나 큰 두려움의 대상이었는지를 잘 보여 주는 대목이다.

파시스트 정권은 그람시의 육신은 가둘 수 있었으나 그의 두뇌가 작동하는 것은 막을 수 없었다. 그는 10년이 넘는 옥고를 치르면서 초인적인 정신력으로 2,848쪽의 수고(手稿)를 남겼다. 그것이 바로 《옥중수고》이다. 그람시는 죽어 가면서 10년을 기다렸다. 교활한 무솔리니는 그람시가 더는 살 수 없다는 것을 확인하고는 그의 석방을 발표하였고 며칠 뒤 그는 세상을 떠났다.

기억이 가물가물하지만 어디선가 "가장 강인한 정신력은 지독한 고통 속에서 탄생하고, 위대한 인물은 상처로 얼룩져 있다"라는 말을 들은 적이 있다. 다 그런 것은 아니지만 이 말의 지적대로 역사상 큰 족적을 남긴 위인의 상당수가 극한의 고통을 극복하는 과정에서 큰 깨달음을 얻었고 그것을 한 차원 승화하여 위대한 결과물을 토해 냈다. 대부분 저술의 형태로 남아 있는 이 결과물들은 지금도 우리 정신세계의 경지를 끌어올리는 데 큰 역할을 하고 있으며 그 작용과 역할은 앞으로 더욱 커질 것이다.

위인들이 겪은 고난의 과정을 달리 표현하자면 '신념을 관철하기 위한 기다림의 시간'이라고 할 수 있다. 그들은 고통스러운 기다림을 통해 상상을 초월하는 성과를 남겼다. 기다림은 시간의 개념이지만 그들은 시간이라는 추상적 개념을 삶의 공간으로 받아들여 마냥 고통받기보다 스스로 삶의 주도권을 행사하는 지혜를 터득하였다. 신념이 없었다면 불가능하였을 것이다. 벨기에의 정치가이자 법률가 라퐁텐은 "기다림과 인내가 강요와 분노보다 더 많은 것을 이룬다"라고 하였다. 과정의 처절함이 저술과 예술로 승화되는 역설을 역사는 너무도 똑똑히 보여 준다. 이것이 다름 아닌 신념의 승리이자 인간의 위대함인지 모른다.

나는 이 시대에 무엇을 남길 것인가

사마천 역시 누구 못지않은 고통과 치욕을 온몸으로 겪은 사람이다. 3년 동안 영어(囹圄)의 몸으로 기다렸고 그 사이에 궁형을 당하였다. 그는 미처 완성하지 못한 《사기》의 내용을 바꾸고 완성하기 위해 사형보다 더 치욕스러운 궁형을 자청하였다. 50세 무렵에 출옥하여 《사기》를 완성하고 세상을 버리기까지 약 5년의 시간을 더 기다렸다. 사마천 최후의 10년이었다.

지옥보다 끔찍한 기다림 속에서 그가 역사서의 내용을 바꾸려 한 데는 억울하게 자청할 수밖에 없었던 궁형이라는 치욕이 결정적인 이유로 작용하였다. 옥에 갇히기 전까지 사마천은 자신이 모시는 최고 권력자 무제의 진면목을 제대로 보지 못했고 자신이 복무하는 한 왕조의 치부를 보지 못했다. 그러나 옥에 갇히고 궁형을 자청하여 출옥하기까지 3년이라는 시간과 고통은 사마천이 모든 것을 다시 보고 다시 생각하게 만들었다. 권력자의 추악한 모습, 권력에 기생하는 자들의 비굴함 등 이전에는 보이지 않았고 볼 수 없었던 모습들을 새삼 확인할 수 있었다. 그렇게 역사서를 완성하는 일만큼이나 그 내용을 바꾸는 일이 더 중요해졌다. 시대가 자신에게 지운 저주스러운 책무를 위대한 정신으로 온전히 완수해 낸 것이다.

《사기》 전편을 휘감아 도는 인욕의 정신적 경계와 경지에서 우리는 스스로에게 '너는 이 시대에 무엇을 남기고자 하는가'라는 고통스러운 질문을 끊임없이 던질 수밖에 없다. 이는 곧 '너에게는 어떤 신념이 있으며 그 신념을 어떻게 관철할 수 있는가'라는 질문에 다름 아니다.

역사는 그 자체가 인내요, 기다림이지만 반드시 기억하고 있다가 시도 때도 없이 망각에 묻혀 가는 우리의 무심함을 자극한다. 수시로 우리의 잘잘못을 소환하여 공소 시효 없는 법정에 세우는, 그 자체로 뒤끝과도 같다. 만족스럽지 않거나 잘못된 결과가 나오면 다시 반복한다. 역사 스스로 만족할 때까지. 역사는 수많은 인간의 본성이 서로 부딪치며 연출되는 대하드라마이다. 이런 점에서 역사는 인간 본성의 탯줄과도 같다. 그리고 강인한 신념으로 역사에 의미 있는 자취를 남긴 사람들이 바로 그 탯줄을 붙든 채 우리를 기다리고 있다.

사람 간의 교류를 놓지 말라

부차와 항우의 처세

무릇 유능한 사람의 처세는 마치 송곳이 자루 속에 있는 것 같아,
그 끝이 쉽게 드러난다.

夫賢士之處世也, 譬若錐之處囊中, 其末立見

부현사지처세야, 비약추지처낭중, 기말입견

권76 〈평원군우경열전〉

처세를 잘해야 한다는 말을 자주 하고 또 자주 듣는다. 처세란 나를 어디에 어떻게 둘 것인가의 문제이다. 때와 장소, 그리고 사람에 맞추어 처신하는 것이며 이때 방법과 기술이 필요하다. 이것이 처세술이다. 처세의 역사는 어떻게 시작되었고 처세술은

어떻게 나왔을까? 여기서는 처세의 요령 같은 뻔한 이야기보다 처세 그 자체에 대하여 한번 알아볼까 한다. 먼저 처세는 교류의 산물이라는 점을 생각하며 이야기를 풀어 간다.

담장 하나에 적어도
기둥 셋은 있어야 한다

인류가 말과 양을 길들이고 농사를 짓고 '영차 영차' 노동의 구호를 외치던 날로부터 과학의 위력이 온 세상을 밝히는 오늘날이 도래할 수 있었던 까닭은 인간에게 사회성과 교류의 능력이 있기 때문이다. 서로를 오가는 교류가 없었다면 인류는 자연을 정복할 수 없었을 것이고 생존과 발전에 대한 자신감을 갖지 못하였을 것이다. 지구라고 불리는 이 행성에서 모든 동물을 뛰어넘는 인간으로 존재하지도 못하였을 것이다. 마르크스는 교류를 "인류의 기능이자 인류의 존재가 의존하는 가장 기본적인 방식"이라고 정의하였다.

사람 간의 교류는 인간의 필요가 만든 산물이다. 1975년 미국의 한 심리학자가 '교류 박탈'이라는 실험을 실시한 바 있다. 실험 대상을 100미터 깊이의 지하 동굴에 넣은 다음 장시간 세상과 격리하여 교류가 없는 생활을 시켰다. 처음 한 달은 아주 평온하였으나 시간이 지날수록 실험 대상은 신경 불안을 보이더니 갈수록 증세가 심각해졌다. 156일이 되었을 때 실험 대상은 절망에 빠져 일기장에 감당할 수 없는 혼란에 대해 썼는데, 자신의 정신은 이미 붕괴 상태에 있다고 표현하였다. 지상으로 돌아온 다음에도 그는 아무런 감정을 느끼지 못하는 비정상적인 상태를 벗어나지 못하였다. 그는 아주 긴 시간이 지난 다음에야 비로소 세상과 단절되었던 생활이 가져다준 심리적 상처에서 서서히 회복할 수 있었다. 인간 사이의 교류가 얼마나 중요한지를 보여 주는 실험이다.

동서고금에서 그 나름의 일을 해낸 인물들은 모두 타인과의 교류, 즉 처세를 중시하였다. 제갈량은 유비를 만나기 전 융중이라는 곳에서 초려를 짓고 살았다. 그런 제갈량이 어떻게 초려를 나오지 않고도 삼분천하를 설파할 수 있었을까? 이는 그의 좋은 인간관계와 관련이 있다. 다들 제갈량이 초려에 묻혀 은둔하였다고 알고 있지만 실상은 그렇지 않았다. 그는 알게 모르게 훌륭한 스승을 비롯하여 좋은 친구들이었던 사마휘, 방덕공, 방통, 서원직 등과 교류하였다. 이들은 당시 알아주는 명사들이었다. 뿐만 아니라 제갈량의 아내 황월영도 지략이 남다른 사람이었고 장인 황승언은 당시의 이름난 학자였다. 다시 말해 이들의 도움이 있었기에 그는 '지혜의 화신'이라는 명성을 얻을 수 있었고, 나아가 삼분천하라는 정확한 전략 사상을 만들 수 있었다.

《사기》〈평원군우경열전〉에는 평원군이 진짜 인재를 송곳에 비유하며 "무릇 유능한 사람의 처세는 마치 송곳이 자루 속에 있는 것 같아 그 끝이 드러나기 마련이다"라고 한 대목이 있다. 제갈량이 이 말에 딱 어울린다 하겠다. 그가 삼분천하를 설파한 〈융중대〉는 제갈량이라는 날카로운 송곳이 집단 지성과의 교류, 즉 처세를 통해 이루어 낸 결정체라고 해도 지나치지 않다.

'담장 하나에 적어도 기둥 셋은 있어야 하고, 영웅 하나를 적어도 세 사람은 도와야 한다'는 속담이 있다. 좋은 인간관계가 어떤 일을 성취하는 데 중요하다는 뜻이다.

미국의 미래학자 존 나이스비트는 1982년 발표한 《메가 트렌드(Megatrends)》에서 경제적인 관점으로 볼 때 세계의 상호 의존도는 갈수록 강화될 것이고, 이는 우리에게 세계 전체를 염두에 두고 문제를 고려할 것을 요구한다고 지적하였다. 이러한 경제상의 변화는 당연히 정감상의 변화를 가져올 수밖에 없다. 그는 기술이 높아지면 정감도 높아질 수밖에 없고, 정감이 높아지면 사람들이 한데 모일 필요성 또한 커진다는 유명한 논점을 제기하였다. 이렇듯 사회가 발전할수록 사교 생활은 약화되기는커녕 갈수록 강화될 것이다. 바로 이런 점에서 좋은 관계를 얻어 내려면 사교를 떠날 수 없고, 사교에서 성공하려면 더더욱 처세를 떠날 수 없다.

눈과 귀를 여는 것이
처세의 기본이다

일부 사람들은 처세술에 대하여 얄팍한 잔기술이나 속임수로 오해하기도 하는데 결코 그렇지 않다. 물론 옹졸하고 저급한 처세술이 없지는 않다. 그러나 정직한 사람이라면 개인의 목적을 위하여 남에게 손해를 끼치고 이웃을 구덩이로 처넣는 짓에는 침을 뱉는다. 진정한 의미의 처세술은 어떻게 하면 인간관계에서 상호 이해를 촉진하여 교류를 강화하고, 이를 통해 정보와 감정을 소통하여 시야를 넓히고 능력을 기르고 우정을 도타이 해 생활을 충실하게 할 것인가에 관심을 둔다. 보다 큰 빛과 열을 발산해 사회에 더 많이 공헌하기를 바라는 것이다. 이런 처세술이라면 어찌 많으면 많을수록 좋지 않을 것이며 어찌 사람들이 더 절실하게 필요로 하지 않겠는가?

처세와 처세술은 인간의 교류가 없어지지 않는 한 필수 불가결하다. 그래서 세상을 열심히 사는 것만큼 어떻게 살 것인가가 중요한 것이다. 사마천은 3,000년 통사 《사기》에 수많은 사람의 생생한 처세 사례를 남겼다. 사마천이 비록 처세라는 표현을 쓰지는 않았지만 차분히 읽다 보면 흥미롭고 의미심장한 처세술을 얼마든지 발견할 수 있다.

그중 '종선여류(從善如流)'라는 수준 높은 처세술 하나를 소개한다. 의견과 건의를 기꺼이 받아들이는 것을 표현하는 말이다. 종선여류의 '선'은 차원 높고 정확한 의견과 건의를 가리키고, '류'는 흐르는 물을 가리킨다. 좋은 의견을 받아들일 때는 물이 아래로 흐르듯 순리처럼 자연스럽게 받아들이라는 뜻이다. 티베트 영웅 전설에는 "자신이 아주 많이 안다고 해도 일은 상의해서 처리하는 것이 마땅하다. 남의 의견을 듣기 싫어하는 사람은 아주 비싼 값으로 '후회'라는 것을 사야 할 것이다!"라는 격언이 있다. 아주 오묘한 말씀이 아닐 수 없다. 관련하여 종선여류하지 못하였던 반면교사 사례로 두 인물을 간략하게 소개한다.

먼저 춘추시대 오월쟁패의 주인공 중 한 사람인 오나라 왕 부차이다. 그는 월나라와의 쟁패 과정에서 충직한 오자서의 충고를 듣지 않아 승리자의 자리에서 추락하여 패배하고 결국 자살로 삶을 마감하였다. 죽기 전에 그는 자신의 얼굴을 천으로 가려달라고 하였다. 지하에서 차마 오자서를 볼 면목이 없다는 것이 이유였다. 그야말로 후회막심 그 자체이다.

또 한 사람은 서초패왕 항우이다. 초한쟁패 과정에서 항우 역시 독단적으로 행동하며 충언을 거부하였다. 사람을 의심하고 자기 마음대로 일을 처리하였다. 게다가 시기와 질투도 심하였고 인색하기까지 하였다. 땅과 성을 빼앗은 뒤에는 상을 주어야 하는데 그것이 싫어 마지막 확인 도장을 주머니 안에 넣고 만지작거리느라 도장 모서리가 다 닳았다는 기록까지 남아 있다. 이 때문에 유방 진영의 진평이 벌인 이간계에 넘어가 가장 충성스러운 참모 범증조차 떠나게 만들었다. 결국 마지막 해하 전투에서 패하여 오강에서 스스로 목을 그어 자결하였다. 그런데 항우는 부차와는 달리 후회라는 약조차 충분하지 않았던지 "하늘이 나를 망하게 한다"라며 하늘을 원망하였으니 참으로 고집불통이 아닐 수 없다. 항우는 두 번이나 하늘을 원망하며 자결하였다.

남 탓은 처세에 실패한 사람들이 가장 많이 보이는 반응이다. 처세의 기본은 눈과 귀를 여는 것이고, 나아가 마음을 열어야 한다. 이것이 소통의 처세이다. 처세의 기본 중 기본은 소통이다.

안과 밖의 지지가 군건해야 한다

소왕과 혜왕의 동기 부여

신은 "어질고 성스러운 군주는 측근이라고 해서 벼슬을 주지 않고,
공이 많은 사람에게는 상을 주며,
능력 있는 사람에게는 그에 맞는 일을 맡긴다"라고 들었습니다.

臣聞賢聖之君不以祿私親, 其功多者賞之, 其能當者處之

신문현성지군불이녹사친, 기공다자상지, 기능당자처지

권80 〈악의열전〉

오랜 역사를 가진 동북방의 연나라는 기원전 11세기에 건국된 주나라 종실과 같은 희(姬) 성의 제후국으로, 무왕의 동생인 소공 석이 시조였다. 연나라는 역사가 오래된 정통 제후국이었지

만 국력이 늘 약하였다. 다행히 중원에서 떨어진 지리적 특성 덕에 비교적 평화롭게 나라를 유지하였다. 그러던 중 기원전 316년 무렵 연왕 쾌가 신하 자지에게 속아 나라를 그에게 넘기고 자신이 신하를 자처하는 황당한 일이 터졌다.

이를 인정할 수 없었던 태자 평이 장군 시피와 결탁하여 자지를 공격하였다. 기원전 314년이었다. 그러나 태자 평과 시피의 반격은 실패하였고 두 사람 모두 피살되었다. 이 일로 전국이 내란에 빠져 몇 달 사이에 수만 명의 사상자가 생겼다. 그 틈에 연나라와 오랜 앙숙 관계였던 제나라가 연나라를 공격하여 연왕 쾌를 죽이고 자지를 잡아 소금에 절여 죽였다. 그러자 조(趙)나라도 개입해 공자 직을 후원하였다. 공자 직은 내분을 수습하고 왕위에 올랐다. 이가 소왕이다.

소왕은 무엇으로 사람을 움직였는가

젊은 군주 소왕은 약체 연나라를 중흥시키기로 마음먹었다. 그는 기원전 311년 현자 곽외에게 자문을 구한 다음 그를 황금대에 모시고 우대하는 한편 천하의 인재들을 구한다는 '구현령'을 발표하였다. 여러 나라의 인재가 연나라로 몰려왔다. 역사에서는 이를 "사쟁추연(士爭趨燕)"이라고 한다. '인재들이 앞을 다투어 연나라로 달려왔다'는 뜻이다. 이들 중 조나라와 위나라를 거쳐 온 명장 악의가 있었다. 기원전 295년, 소왕은 악의를 귀족 중 가장 높은 경에 버금가는 아경에 임명해 우대하였다.

소왕에게 악의는 꿈에도 갈망하던 인재였다. 숙적 제나라에 묵은 원한을 갚자면 명장이 꼭 필요하였기 때문이다. 악의 역시 소왕의 이런 바람을 너무 잘 알고 있었다. 기원전 285년, 악의는 강대국 제나라를 공격하려면 연나라 혼자서는 벅차기 때문에 주변국과 동맹을 맺어야 한다는 건의를 올렸다. 그 결과 이듬해인 기원전 284년에 진(秦), 조(趙), 한(韓), 초, 위(魏) 다섯 나라와의 동맹이 성사되었다.

그해 연나라를 포함한 6국의 연합군이 제나라를 공격하였다. 이듬해인 기원전 283년에는 초나라의 장수 요치가 제나라 민왕을 살해하는 전과를 올렸다. 악의는 선봉장으로서 제나라의 성 70여 개를 단숨에 함락하여 제나라를 멸망 일보 직전까지 몰았다. 제나라에 남은 곳이라고는 즉묵과 거, 단 두 개의 성뿐이었다. 그러자 제나라 백성이 들고 일어났다. 여기에 전단이라는 뛰어난 지도자가 나와 필사적으로 즉묵을 방어하였다.

전쟁은 소강상태로 접어들었다. 그러자 연나라의 신하들이 악의를 성토하고 나섰다. 악의가 일부러 제나라를 멸망시키지 않고 있다는 것이었다. 그렇게 하여 제나라의 민심을 얻고 자신이 왕이 되려 한다는 모함이었다. 소왕은 모함을 주도한 자를 색출하여 목을 베고 악의를 아예 제나라 왕으로 봉함으로써 악의에 대한 전폭적인 신뢰를 보였다. 그해가 기원전 279년이었다.

그런데 뜻밖의 상황이 발생하였다. 악의의 든든한 후원자였던 소왕이 갑자기 세상을 떠나고 그의 아들 혜왕이 즉위한 것이다. 혜왕은 바로 직전 악의를 헐뜯던 연나라 신하들 편에 서서 악의를 비방하다가 아버지 소왕에게 크게 혼이 난 전력이 있었다. 당초 악의에게 편견을 가지고 있던 태자인지라 악의를 모함하는 자들의 말에 넘어간 탓이었다. 그런 태자가 왕이 되었으니 악의에게는 큰 시련이 닥칠 대세였다.

아니나 다를까 혜왕은 악의의 군권을 빼앗고 그 자리를 기겁이라는 장수로 대체하였다. 이 정보를 입수한 연나라 장수 전단은 간첩을 활용하여 반간계를 구사하였다. 연나라 군대의 군심이 흩어졌고 기겁은 앞뒤 재지 않고 무리하게 제나라를 공격하다가 대패하고 말았다. 기겁은 전사하였다. 힘들게 빼앗았던 제나라의 성이 하나둘 다시 넘어갔다. 신변에 위협을 느낀 악의는 조나라로 망명하였고 연나라는 군대를 철수하지 않을 수 없었다. 이렇게 연나라는 다 잡은 제나라를 허망하게 놓쳤다.

훗날 연나라 혜왕은 조나라에 있는 악의에게 편지를 보내 서운함을 전하였다. 이에 악의는 다음과 같은 말로 혜왕을 머쓱하게 만들었다.

"군자는 친구와 절교해도 친구에 대하여 나쁜 말을 하지 않으며, 충신은 나라를 떠나도 자기 명성의 결백을 내세우지 않습니다."

이 이야기는 오늘날 우리에게 몇 가지 의미 있는 시사점을 던져 준다. 악의는 연나라로 건너와 장수가 되어 중책을 맡게 되었다. 제나라에 대한 설욕에 동기 부여가 된 셈이다. 악의는 전쟁에 나가 제나라를 거의 멸망에 몰아넣는 대승을 거두었다. 연나라 태자를 비롯하여 여러 신하가 이런저런 유언비어로 악의를 헐뜯었지만 소왕은 전혀 흔들리지 않았다. 태자에게 매질을 가하였을 뿐만 아니라 악의를 제나라 왕으로 봉하여 그들의 입을 막았다. 동기 부여에는 전폭적인 믿음이 뒷받침되어야 한다는 점을 연왕은 너무 잘 알고 있었기 때문이다. 악의는 감격해서 최선을 다하였다.

연왕을 이은 혜왕은 즉위하자마자 바로 악의를 다른 이로 교체하였고 결과는 앞에서 본 바와 같다. 신뢰가 바탕에 깔려 있지 않았기 때문에 그 어떤 동기 부여도, 아무리 큰 격려도 쓸모가 없었다.

나부터가
나를 믿을 수 있는가

동기 부여가 제대로 되려면 격려 기제가 있어야 하고 그 출발은 믿음이다. 동기 부여를 촉진하는 격려 기제에는 자기 격려, 주위의 격려, 환경과 조건의 격려가 있다. 자기 격려는 스스로 마음을 다잡는 격려이며, 주위의 격려는 가까운 가족을 비롯하여 직장 상사, 조직원 등을 통한 격려를 말한다. 환경과 조건의 격려란 책임과 최선을 다할 수 있는 시스템, 보상 체제 등을 가리킨다.

동기란 행동하게 하는 계기를 말한다. 동기가 부여되려면 우선 그 일에 대한 관심이 생겨야 하고 그것을 하고 싶다는 자신의 마음이 먼저 서야 한다. 아무도 몰래 혼자 하는 일이 아니라면 다음으로는 그 일의 필요성과 정당성을 주위에 알려야 한다. 주위의 격려를 받기 위해서이다. 어떤 일에 적극적으로 나서려면 이런 힘이 필요하다. 주위에서는 그 일의 필요성과 당위성을 인정하며 아낌없는 격려를 보내야 한다. 필요하다면 물질적 지원도 아끼지 않아야 한다. 그 지원이 시스템으로 뒷받침되어 있다면 금상첨화이다. 이것들이 동기 부여를 위한 격려 기제이다.

동기 부여에는 정신적 동기 부여와 격려도 중요하다. 사마천은 어려서부터 아버지 사마담에게 역사가의 자질을 갖추기 위한 많은 정신적 격려와 지원을 받았다. 그의 아버지는 사마천 나이 36세에 세상을 떠났다. 아버지는 임종에 앞서 사마천에게 사관으로서 사관 집안의 가장 중요한 책무인 역사서를 완성하라는 유언을 남겼다. 사마천은 눈물을 흘리며 약속하였다.

이후 사마천은 47세에 황제에게 직언하다 괘씸죄에 걸려 옥에 갇혔고 48세에는 억울하게 반역죄에 몰려 사형을 선고받았다. 극한 상황에서 사마천은 죽음보다 더 치욕스러운 궁형을 자청하고 극적으로 살아남았다. 역사서를 완성하기 위해서였다. 사마천의 선택에는 아버지의 유언이라는 정신적 동기 부여와 격려가 크게 작용하였다. 무엇보다 자신에게 주어진 시대적 책임을 기꺼이 떠안은 사마천의 위대한 결단이 가장 소중하였음은 더 말할 필요가 없다.

"자격지심(自激之心)"이라는 성어가 있다. '스스로 부딪치는 마음'이라고 직역할 수 있겠다. 대개는 '스스로가 모자라다고 생각하는 마음', 즉 열등감을 표현하는 다소 소극적이고 부정적인 의미로 받아들인다. 이 성어가 어디에서 나왔는지 출처를 찾을 수 없다. 다만 이 성어의 '자격'이라는 단어에는 자신을 격려한다는 뜻도 포함되어 있다. 타인에 의한 격려를 가리키는 '타격(他激)'과 대비되는 단어로 보면 된다.

오십은 내면의 세계가 복잡해지는 연령대이기도 하다. 성공하고 성취하지만 그만큼 실패하고 좌절하는 경우도 적지 않기 때문이다. 자책도 많아진다. 하지만 그렇다고 자책을 나쁘게만 생각하지 말라. 우리의 전통 문화는 자책을 좋고 가치 있는 것으로 인식해 왔다. 자기 반성으로 실수를 제때 바로잡고 보다 나은 인격체로 거듭나게 하는 격려라고 보았기 때문이다. 자책이 좋은 동기 부여가 될 수 있음을 알자. 그러려면 일단 자신을 믿어야 한다.

책임을 질 때 비로소 큰 힘이 따른다

무왕과 도공의 책임

사랑이란 잘못을 더하지 않는 것이요,
존중이란 죄를 남에게 미루지 않는 것이다.

愛莫加之過, 尊莫委之罪

애막가지과, 존막위지죄

정자산(춘추시대 정치가)

할리우드 영화 〈스파이더 맨〉에 나오는 "큰 힘에는 큰 책임이 따른다(With great power comes great responsibility)"라는 대사가 지금도 기억에 남아 있다. 자리가 높아지고 맡은 일이 중요해지면 그에 따라 책임도 커질 수밖에 없다. 책임의 '책(責)'이라는 글자는 '당연히 해야 한다'는 뜻이고, '임(任)'은 '맡은 일'을 뜻한다. '책'은 빚을 의미하는 '채(債)'와 뜻이 같다.

그런데 자리가 높아질수록 책임을 지기보다 성과의 열매만 따먹으려는 경우가 많다. 조직에서 이런 일이 잦아지면 조직원의 사기는 갈수록 떨어지고 결국 성과도 지리멸렬에 빠진다. 서양에서 오랜 전통으로 내려오는 '고귀한 만큼 책임과 의무를'이라는 뜻의 '노블레스 오블리주'도 자리가 높아지고 맡은 일이 커질수록 책임과 의무를 다하라는 뜻이다.

불교는 세상을 '고통의 바다'라는 뜻의 '고해(苦海)'에 비유한다. 다소 비관적인 이 비유에 나도 모르게 고개를 끄덕일 때가 많을 것이다. 삶의 무게를 강하게 느끼는 나이에 접어들었기 때문이다. 자신의 모든 것에 대하여 생각하고 의심하고 좌절하는 시간이 많아진다. 물론 이를 떨치고 일어날 수 있는 가장 큰 힘을 가진 나이이기도 하다. 책임져야 할 일이 많아졌고, 또 많아지고 있기 때문이다. 그만큼 힘이 생기고 힘을 기르고 힘을 가진다. 생각과 의심과 좌절은 그 과정에 따라오는 자극이다. 이 과정을 잘 밟으면 남은 인생을 인도하는 한 줄의 방향등을 밝힐 수 있다.

나이의 힘을 활용하는 가장 올바른 방법

동양의 전통적인 리더십의 하나로 '남과(攬過)'라는 것이 있다. 남과는 '잘못을 끌어안다'라는 뜻으로 리더가 자신의 잘못을 인정하며 그것을 남에게 미루지 않고 자신이 끌어안는 것을 말한다. 잘못을 부하나 동료에게 떠넘기지 않고 자신이 나서서 책임을 지는 리더십은 오래전부터 유능한 인재의 적극성을 이끌고 교육하고 격려하고 자극하는 중요한 방법의 하나였다. 리더가 자신의 잘못은 물론이고 아랫사람의 잘못까지도 주동적으로 책임을 지는 방법을 통해 통 큰 리더십을 실천하는 것이 특징이다.

춘추시대의 역사서 《좌전》에 나오는 사례 하나를 보자. 기원전 699년, 초나라 무왕이 굴하에게 나국을 공격하라고 명하였다. 두백비가 군대를 전송한 다음 돌아와 자신의 마부에게 "굴하가 틀림없이 패할 것이다"라고 하고는 무왕을 만나 적을 경시하는 굴하의 태도를 지적하였다. 그러면서 "군사를 더 보내지 않으면 초나라 군대가 틀림없이 욕을 볼 것입니다"라고 경고하였다.

무왕은 두백비의 건의를 받아들이지 않았다. 후궁으로 돌아온 무왕이 부인 등만에게 두백비가 너무 소심하다며 험담을 늘어놓았다. 부인 등만은 "교만한 군대는 패할 수밖에 없습니다. 두백비의 말이 백번 옳으니 속히 군대를 더 보내도록 하십시오"라고 충고하였다. 뒤늦게 긴장한 무왕은 급히 군대를 증원하라고 하였다.

하지만 초나라 군대는 이미 나국에 대패한 뒤였다. 시체가 들판에 널브러졌고 살아남은 패잔병들은 부모를 울부짖으며 숨기에 바빴다. 굴하는 돌아가 처벌받을 것이 두려워 황량한 계곡에서 목을 맸다. 살아남은 장수들은 스스로를 옥에 가두고 처벌을 기다렸다. 무왕은 가슴을 치며 후회하였다. "이 모두가 나의 잘못이지 그대들과는 무관하다"라며 장수들을 용서하였다. 장병들은 감격하며 왕을 부모 대하듯 하였다. 당초 품었던 불만은 연기처럼 사라지고 하나같이 왕을 위하여 목숨을 바치겠노라 결심하였다. 무왕은 잘못을 자신에게 돌려 장병들을 감동시키고 민심을 얻었다. 신료들은 무왕 밑에서 일하는 한 억울한 일은 당하지 않겠다는 믿음으로 있는 힘을 다해 일하였다.

《좌전》에 나오는 사례 하나를 더 보자. 기원전 570년, 중원의 패주 진(晉)나라의 도공이 제후들을 불러 회맹을 거행하였다. 회맹이 열리는 장소의 주위로 진나라 군대가 물 샐 틈 없이 경비를 섰다. 도공의 동생 양간은 국군의 동생이라는 지위만 믿고 수레를 타고 군영을 마구 돌아다니며 군법을 깔보는 등 오만함이 하늘을 찔렀다. 중군의 장수 위강은 즉시 양간의 수레를 억류하여 군법으로 양간을 다스릴 준비를 하였다. 당시의 규정이나 신분으로 보아 양간을 직접 처벌할 수 없었던 위강은 양간의 수레를 몰던 마부의 목을 베어 뒤숭숭한 군심을 다잡았다.

한편 자존심이 상할 대로 상한 양간은 형님 도공 앞에서 울며불며 법석을 떨었다. 성이 난 도공은 제후가 다 모인 자리에서 중군의 책임자 양설적에게 위강이 내 동생 양간의 마부를 죽이는 등 국군의 체면을 상하게 하였으니 즉각 목을 베라고 명령하였다. 위강의 됨됨이를 잘 아는 양설적은 위강의 행동은 누구든 지켜야 하는 군기의 중요성을 보여 준 것이지 국군의 체면을 손상시킨 것은 아니며, 오히려 만천하에 국군의 위신을 세운 것이라며 극구 변호하였다. 그것이 진정한 충성심 아니겠냐며 조만간 위강이 직접 찾아와 상세한 보고를 올릴 것이라 하였다.

양설적의 예상대로 바로 위강이 조정에 도착하여 자신의 행동과 생각을 담은 보고서를 올리는 한편 검을 빼 들고 자신의 목을 그으려 하였다. 양설적 등이 급히 나서서 말렸다. 위강의 보고서를 읽은 도공은 부끄러워 낯을 들 수 없었다. 양설적이 말한 그대로였다. 위강의 충정에 깊이 감명을 받은 도공은 통곡을 하며 신을 신은 채로 뛰어나와 자결하려는 위강을 끌어안은 채 부끄러움의 눈물을 하염없이 흘렸다. 그러면서 이렇게 말하였다.

"과인의 명령은 형제에 대한 사사로운 감정에서 나온 것이지만

그대가 마부의 목을 벤 행동은 군법을 집행한 것이다. 과인이 동생을 제대로 교육하지 못하여 군령을 어긴 것이니 이는 오로지 과인의 잘못이다. 제발 자결일랑 하지 말라. 그건 내 죄를 더 무겁게 하는 것이니, 내가 진심으로 그대에게 사죄하겠다."

도공은 회맹이 끝난 뒤 태묘에서 특별히 연회를 베풀어 위강을 표창하는 한편 신군의 부통수로 승진시켰다. 위강은 목숨을 바쳐 국군을 보좌하리라 결심하였다.

잘못을 인정하고 책임을 스스로 질 줄 아는 '남과'의 리더십은 공과 성과를 조직원에게 돌리는 리더십과 자연스럽게 연결된다. 이를 '위공(委功)'이라 한다. 책임을 기꺼이 질 줄 아는 리더는 자신에게 돌아올 공도 조직원의 공으로 돌릴 줄 안다.

책임을 이야기할 때 우리는 '책임을 진다'고 한다. 짊어진다는 것이다. 그래서 무언가를 잘못하였을 때 꾸짖어 나무란다는 '질책'에도 '책'이라는 글자를 쓰는 것이다. 해야 할 일, 짊어져야 할 일을 제대로 못하였기 때문이다. 오십은 어느 때보다 책임이라는 단어를 무겁게 받아들여야 하는 나이이다.

3장

인연을 어떻게 가꿀 것인가

| 사람 관계에 대한 이야기들 |

나만의 시간과 공간이 필요하다

추양의 인간관계

머리카락이 하얗게 새도록 알았지만 여전히 낯설고,
잠깐 우산을 함께 받쳐 들었지만 오랜 사이 같다.

白頭如新, 傾蓋如故

백두여신, 경개여고

권83 〈노중련추양열전〉

얻는 것이 많은 만큼 잃는 것도 많은 나이이다. 사회에 나와서 맺은 인위적 관계의 질량이 커지는 반면 가족을 비롯한 자연적 관계의 질량은 눈에 띄게 줄어든다. 죽음으로 관계가 완전히 끊어지는 일도 종종 발생한다. 남은 관계를 고민하게 되고 좀 더 깊게는 관계 자체에 깊은 의문과 회의를 품기도 한다. 우정, 동료 의식에 대한 생각도 많아진다. 결국 사람에 대한 생각과 인식이 깊어 간다. 그럴 나이이다.

무엇이 인간관계의 깊이를 결정하는가

한나라 초기, 제나라 출신의 지식인 추양은 일찍부터 양(梁)나라를 떠돌다 양 효왕의 문객이 되었다. 그런데 그의 재능을 시기한 측근들이 효왕에게 추양을 모함하였다. 자초지종을 캐지 않고 화부터 낸 효왕은 추양을 옥리에게 넘겨 죽이려 하였다. 오명을 쓰고 죽을 수 없었던 추양은 효왕에게 편지를 썼는데, 이 옥중 편지가 〈옥중상양왕서〉라는 명문이다. 편지에서 추양은 미묘한 인간관계를 속담 하나로 설파한다.

"'머리가 하얗게 샐 때까지 사귀었는데도 처음 만난 사람처럼 낯선가 하면, 길에서 우연히 만나 양산을 기울인 채 잠시 이야기하고도 오래된 사람 같은 경우가 있다'는 속담이 있습니다. 이는 한 사람을 잘 아느냐 모르느냐 하는 차이 때문입니다."

《사기》 권83 〈노중련추양열전〉

추양은 죽음을 앞두고도 비굴하게 애원하지 않고 당당한 어조로 인간관계의 모순과 묘미를 언급하며 사람을 제대로 알고 이해하는 일이 얼마나 어렵고 중요한가를 설득력 넘치는 문장으로 전개하였다. 이 글에 감동받은 효왕은 추양을 풀어 주고 그를 더욱 우대하였다.

우리나라에 "열 길 물속은 알아도 한 길 사람 속은 모른다"라는 속담이 있다. 다른 사람을 제대로 알고 이해하기가 얼마나 어려운가를 잘 말해 주는 속담이다. 인간을 잘 알고 이해하는 사람이야말로 참으로 강한 사람이라는 생각이 문득 든다.

오랫동안 잘 지내 온 사람이 어느 날 갑자기 낯선 사람처럼 느껴진 적 있는가? 반대로 별로 친하지 않았던 사람이나 몇 번 보지 않았던 사람이 느닷없이 아주 오래된 친구나 연인처럼 느껴진 적은 없는가? 한나라 초기의 문장가 사마상여는 백수 시절에 부잣집 젊은 과부 탁문군과 첫눈에 반하여 그날 밤 야반도주하는 사랑의 도피를 감행하였다. 반면 오랫동안 서로 목숨을 내놓아도 아깝지 않을 문경지교(刎頸之交)의 관계였던 장이와 진여는 진나라 말기 난세에 민중 봉기를 이끌었던 주요 인물들이었지만 사이가 틀어지고 원수가 되어 끝내 서로를 죽이려고 하였다. 사마천은 이를 두고 "권력을 다투게 되자 서로 죽이려 하였으니 어찌 권세와 사리사욕 때문이 아니겠는가"라는 논평을 남졌다.

인간관계의 깊은 정도가 시간에 비례하지 않는다는 것을 살아갈수록 실감한다. "하룻밤을 자도 만리장성을 쌓는다"라는 속담도, "평생을 만났는데도 처음 보는 사람처럼 낯설고, 우연히 만나 양산을 기울인 채 잠시 이야기를 나누었는데도 오랜 친구처럼 생각된다"라는 속담도 관계의 깊이가 결코 시간에 비례하지 않음을 담담하게 지적하고 있다. 어느 날 돌연 거울에 비친 내 모습이 낯선 사람처럼 느껴진다면 어떤 마음이 들까? 관계에 있어서 '거리'가 관계의 '정도'를 결정하는 것은 아닐까? 나 자신에게도 어느 정도의 거리를 두어야 하나?

시간, 공간, 인간에 담긴 사이의 의미

세상을 살면서 시간, 공간, 인간에 모두 들어 있는 글자 '사이 간(間)', 즉 '삼간(三間)'의 의미에 대하여 제대로 깨우치면 원만한 인간관계를 가질 수 있다. 처세가 일반적인 교류를 통해 자신의 위치를 정하는 것이라면 관계는 교류와 처세에서 한 걸음 더 나아간 것이라고 할 수 있다. 처세가 물리적으로 사이를 좁히는 행동이라면 관계는 사이를 조정하는 물리적 행위뿐만 아니라 화학적인 심리 활동까지 포함하는 미묘한 문제이다. 당연히 처세보다 관계가 훨씬 더 어렵다. 사물과 인간관계에 대한 자세가 결국 이 사이를 어떻게 인식하느냐로 결정된다.

'사이 간'은 사유의 틈이고, 이 틈은 공간과 시간을 함께 담고 있다. 이 말은 즉 인간관계를 잘 유지하려면 자신만의 시간과 공간을 마련하는 데 신경을 쓰라는 뜻이다. 자신만의 시간과 공간의 마련이란 곧 사유할 수 있는 시간과 공간이 생긴다는 의미이다. 인간의 관계와 사이의 함수가 참으로 오묘하다는 생각을 지울 수 없다.

오십이 되면 가능한 한 혼자만의 시간과 공간을 자주 만들라고 권하고 싶다. '사이'를 많이 확보하라는 말이다. 가장 쉬운 방법은 혼자 식사하는 기회를 늘리고 출장 등으로 이동할 때 대중교통을 이용하는 것이다. 내가 잘 아는 어떤 50대 사업가가 언젠가 공항 라운지 커피숍에서 혼자 책을 읽는 내 모습을 보고는 이렇게 털어놓은 적이 있다. 세계 여러 나라에 출장을 가서 비즈니스를 성공적으로 마친 다음, 귀국하는 공항 라운지의 커피숍에 홀로 앉아 한 잔의 커피와 함께 자신의 사업과 미래를 생각하거나 평화로운 마음으로 책을 읽는 것이 자신이 꿈꾸는 로망이라고. 나는 그 말에 격하게 공감하였다.

자신의 시간과 공간을 만드는 간단한 방법을 몇 가지 더 추천한다. 웬만한 거리는 걸어라. 대중목욕탕을 자주 다녀라. 옛날 사람들이 즐겨 하였던 '삼상(三上)'이라는 독서법도 함께 추천한다. '삼상'이란 '침상(枕上)', '차상(車上)', '측상(廁上)'이다. 오늘날로 말하자면 침대에서, 차 안에서, 나 홀로 다방(화장실)에서 책을 읽는 것이 되겠다. 나의 경우 홀로 다방에서만 1년에 다섯 권 이상의 책을 읽는다. 다 혼자의 시간과 공간을 필요로 한다.

50대 후반 버스 터미널의 한 모퉁이에서 문득 인간과 시간과 공간, 이 삼간을 떠올리며 이런 메모를 남긴 적이 있다.

"터미널 한 모퉁이에서 과일 주스 한 잔을 앞에 두고 저만의 공간과 시간을 가져 봅니다. 문득 '사이 간(間)' 자가 들어 있는 두 단어가 새삼스럽습니다. '사이', 이 세상 모든 사물과 인간의 관계에는 사이(틈)가 있어야 합니다. 그래야 관계가 건전해지고 여유가 생깁니다. 그러고 보니 인간이라는 단어에도 '사이'가 들어 있습니다."

'사이 간'이 없으면 무간도(無間道)가 된다. 무간도는 지옥이라는 뜻이다.

먹는 것이 하늘이라면 식구 또한 하늘이다

안영과 마부의 가족

"듣자 하니 집에서 부인의 눈썹을 그려 준다면서요?"
"여자들 방에서 일어나는 일이나 부부 사이에 일어나는 사사로운 일이 어디 눈썹 그려 주는 정도에 그치겠습니까?"

《한서》〈장창전〉

인간관계의 출발점이자 기본은 가정이고 가족이다. 가족을 '식구(食口)'라는 표현으로 많이 부른다. '밥을 함께 먹는 입'이라는 뜻이다. '인구(人口)'라는 단어에도 '밥을 먹는 입을 가진 사람'이라는 뜻이 들어 있다. 친구 사이에도 '언제 밥 한번 먹자'라고 말하기 일쑤이다. 같이 밥 먹는 일이 그만큼 중요하기 때문이다.

오죽하면 '백성은 먹는 것을 하늘로 여긴다'는 "민이식위천(民以食爲天)"이라는 말까지 나왔겠는가? 가까운 사이일수록 함께 밥 먹는 일이 중요하다.

그러나 지금 우리는 단절의 시대를 살고 있다. 특히 가족과의 단절이 심각하다. 나이가 들면 타인과의 관계가 넓어지고 많아지는 반면 가족과의 관계는 상대적으로 줄어들고 옅어진다. 흔한 말로 가족에게 소홀해진다. 40대, 50대가 되면 더욱 그렇다. 가족은 충분히 양해해 주기 때문이다. 그러나 그것만 믿고 소홀함을 넘어 방치하거나 방기하면 관계는 자기도 모르는 사이에 저만치 멀어진다. 부부 사이가 파탄에 이를 확률이 가장 높은 시기가 이때이기도 하다. 2021년 평균 이혼 연령이 남자는 50.1세, 여자는 46.8세로 나타났다.

이렇게 보면 사십, '불혹'의 의미가 결코 만만치 않다. 앞서 말하였듯이 연령대는 딱딱 나뉘는 것이 아니라 한 살부터 죽는 나이까지 교집합처럼 겹쳐진다. '불혹'은 유혹당하지 않는다는 뜻이기도 하지만 유혹이 그만큼 많은 때라는 의미이기도 하다. 그 결과가 바로 이혼을 비롯한 가족 간의 단절이다.

저출산이 대세인데다가 가족의 단절까지 겹쳐졌다. 그 밖의 모든 인간관계도 질적인 변화를 겪고 있다. 코로나 19가 단절의 속도를 더 부추겼고 어려운 경제 상황이 이 현상을 심화시켰다. 이 단절의 시대에 가족의 의미는 더욱 소중해지고 있다.

이야기가 너무 심각해졌다. 분위기를 풀자. 춘추시대 제나라 때 있었던 재미있는 일화 하나가 있다. 당시 제나라의 재상이었던 안영의 마부와 그의 아내 이야기이다.

마부를 대부의 길로 이끈 아내의 다그침

춘추시대 제나라는 두 명의 명재상을 배출하였다. 기원전 7세기 때 환공을 춘추시대 최초의 패주로 만든 관중(관자)과 그로부터 약 100년 뒤 쇠퇴기에 접어든 제나라를 지탱한 안영(안자)이 그 주인공이다. 안영은 세 명의 군주를 모셨는데 그중 경공을 48년이나 보필하였다.

안영은 고귀한 신분에도 불구하고 청렴한 성품과 인재를 존중하고 근검절약하는 생활로 노블레스 오블리주를 몸소 실천하여 백성의 존경을 한 몸에 받았다. 때문에 사마천은 안영의 열전인 〈관안열전〉의 말미에서 "만약 안자가 지금 살아 있다면 그를 위해 마부가 되어 채찍을 드는 일이라도 마다하지 않았을 것이다"라는 말로 그를 높이 평가하였다. 공자도 "훌륭하도다! 술잔을 벗어나지 않고 천 리 밖의 일을 절충한다고 하더니, 안자가 바로 그렇구나"라며 그의 능력에 대하여 극찬을 아끼지 않았다.

안영과 관련된 일화는 여러 전적에 많이 보인다. 〈관안열전〉의 다음 일화는 어떤 지혜로운 아내의 모습을 보여 주는 특별한 내용이다.

어느 날 안자가 외출을 하려는데 안자의 마차를 모는 마부의 아내가 문틈으로 자기 남편을 엿보고 있었다. 재상 안자의 마부는 마차의 큰 차양 아래에 앉아 네 마리 말에 채찍질을 하며 의기양양 매우 만족스러워하는 모습이었다. 마부가 집으로 돌아오자 아내는 마부에게 이혼을 요구하였다. 느닷없는 이혼 요구에 놀란 남편은 눈을 크게 뜨며 까닭을 물었다. 아내는 이렇게 대답하였다.

"키가 여섯 자도 못 되는 안자는 제나라 재상이 되어 제후들 사이에 명성을 날리고 있지요. 오늘 재상이 외출하는 모습을 보니 품은 뜻은 깊고 항상 자신을 낮추는 겸허한 자태였어요. 그런데 키가 여덟 자나 되는 당신은 남의 마부 주제에 아주 만족스러워하더군요. 제가 이혼을 요구하는 이유는 바로 이 때문이에요."

그 후 마부는 자신을 낮추고 겸손해졌다. 달라진 모습을 보고 의아해진 안자가 그 까닭을 물으니 마부가 사실대로 대답하였다. 안자는 마부를 대부로 천거하였다.

이 이야기는 아내 덕에 출세한 마부의 이야기처럼 보이지만, 실은 전과 달리 성숙해진 마부를 대부로 발탁한 안자의 상하귀천을 가리지 않는 남다른 인간관과 인재에 대한 안목을 말해 준다. 나아가 한 나라의 재상인 안자의 겸손한 태도와 자태로부터 큰 감동을 받은 마부의 아내가 남편을 자극하여 평소의 행실을 바꾸게 한 상당히 의미 있는 고사이기도 하다. 오늘날 같았으면 안자는 마부가 아닌 그 아내를 스카우트하였을 것이다. 우리 사회에 자신의 재능과 지혜를 발휘할 기회를 갖지 못하고 있는 아내들이 얼마나 될까? 내 가족 중에 있지는 않을까?

연주 소리만으로도 심경을 헤아리는 벗

백아와 종자기의 우정

유익한 벗이 셋, 해로운 벗이 셋 있다.
정직하고 의리 있고 박학한 사람을 벗 삼으면 유익하다.
남에게 빌붙고 굽실거리고 둘러대기를 잘하는 자를 벗 삼으면 해롭다.

益者三友, 損者三友
友直, 友諒, 友多聞, 益矣
友便辟, 友善柔, 友便佞, 損矣

익자삼우, 손자삼우
우직, 우량, 우다문, 익의
우편벽, 우선유, 우편녕, 손의

《논어》〈계씨〉

전라남도 담양군을 전국에 알린 데는 대나무와 조선시대의 원림(오늘날의 별장)을 대표하는 소쇄원이 큰 몫을 하였다. 소쇄원 입구에 들어서면 오른쪽으로 맑은 시내가 졸졸 흐른다. 조금 올라가면 왼쪽으로 다리가 나오고 조금 더 올라가면 시내 위 길가에 초가로 지은 정자가 단아하게 자리하고 있다. 이 초정을 그냥 지나치지 말고 안에 걸린 현판을 한번 보자. "대봉대(待鳳臺)", '봉황을 기다리는 곳'이라는 뜻이다. 봉황은 벗을 상징한다. 대봉대는 벗을 기다리는 곳이다.

벗에게 기별을 넣어 방문할 날짜를 잡으면 그날 그 시간 집주인은 이곳 대봉대에서 친구를 기다린다. 대개 거문고 등의 악기를 연주하면서 기다린다고 한다. 벗은 대문을 들어서면서 이 연주를 듣고 집주인이자 자기 벗의 심경을 헤아린다. 벗의 심경이 연주 소리에 담겨 있기 때문이다. 이를 '소리를 안다'는 뜻의 '지음(知音)'이라고 한다. 벗의 목소리뿐만 아니라 악기 연주 소리를 듣고도 벗이 기쁜지 슬픈지 그 마음을 헤아리는 것이다.

지음은 우정의 최고 경지를 비유하는 단어이다. 여기에는 다음과 같은 감동적인 고사가 전해진다. 거문고 연주 솜씨가 출중했던 춘추시대 초나라의 백아와 그의 친구에 대한 고사로 이야기를 이어 나간다.

마음을 나누는 데 막힘이 없었던 두 친구

춘추시대 초나라의 귀족 백아는 거문고 연주로 명성이 높았다. 그러나 그의 연주를 제대로 감상하고 평가해 줄 사람이 없었다. 틈만 나면 산속에 들어가 혼자 연주하기를 즐겼던 백아는 그날도 여느 때처럼 산천을 벗 삼아 거문고 연주에 몰두하였다. 연주가 끝나 갈 즈음 지나가던 허름한 차림의 농부가 "어허, 그 연주 참 고산유수(高山流水)로다"라고 중얼거렸다. 백아는 깜짝 놀랐다. 이날 자신의 연주에 '고산유수'라는 제목을 붙이면 어떨까 하던 차였기 때문이다. 전반부는 높은 산처럼 힘차게 연주하고 후반부는 흐르는 물처럼 부드럽게 마무리한 것이다.

백아는 농부를 불러 인사를 나누었다. 종자기라는 이름의 평범한 농부였다. 그날 이후 두 사람은 신분을 초월하여 음악으로 깊은 우정을 나누었다. 시간이 날 때마다 백아는 종자기에게 기별하여 거문고를 연주하고 종자기는 연주를 듣고 자신의 느낌을 이야기하였다. 그러던 어느 날 백아가 지방관으로 발령이 나 두 사람은 몇 해 동안 떨어지게 되었다.

몇 년 뒤 백아는 다시 돌아왔고 바로 종자기를 찾았다. 그런데 마음이 통하는 연주자와 감상자로서 세상에 둘도 없는 우정을 나눈 종자기가 안타깝게 병으로 먼저 세상을 떠난 뒤였다. 절망한 백아는 종자기의 무덤을 찾아 자신의 거문고 줄을 끊고 다시는 연주하지 않았다. 이 세상에 더는 자신의 거문고 '소리를 알아줄', 즉 지음의 친구는 없다고 생각하였기 때문이다. 이후 '지음'은 절친한 친구를 가리키는 단어가 되었고 이로써 친구가 연주하는 악기 소리를 듣고 친구의 마음까지 헤아리는 최고의 경지를 나타내게 되었다. 백아가 종자기를 위해 거문고 줄을 끊은 일은 "백아절현(伯牙絶絃)"이라는 고사로 전해지고 있다.

"'백아절현"은 깊은 우정을 나타내는 감동적인 고사를 담고 있는 성어이다. 출전은 《열자》라는 전국시대 도가 계통의 책이지만 사마천의 명문장인 〈보임안서〉에서 이 성어가 언급되어 널리 알려졌다. 훗날 명나라의 소설가 풍몽룡은 이 고사를 바탕으로 한 〈유백아가 거문고를 버림으로써 친구의 우정에 보답하다〉라는 작품을 《경세통언》에 수록하기도 하였다.

거문고 줄을 끊을 수 있는 벗이 있는가

"관포지교(管鮑之交)"라는 성어의 주인공 관중은 진정한 친구 포숙의 배려로 목숨을 건지고 재상 자리까지 양보받았다. 두 사람 역시 '지음'의 경지에 오른 우정을 나눈 사이였다. 포숙의 고귀한 정신에 깊이 감동한 관중은 이렇게 말하였다.

"날 낳아 주신 분은 부모지만 날 알아준 사람은 포숙이었다."

《사기》 권62 〈관안열전〉

관포지교를 비롯하여 우정과 관련한 고사성어 몇 가지를 적어 둔다.

- 관포지교(管鮑之交): 우정의 대명사 관중과 포숙의 우정. 포숙이 환공을 설득하여 죽을 위기에 처한 친구 관중을 살리고 자신에게 돌아올 재상 자리까지 양보한 일화에서 유래되었다. (《사기》 〈관안열전〉)
- 문경지교(刎頸之交): 목숨을 내놓아도 아깝지 않은 우정. 인상여를 오해하여 그를 비방하던 염파가 인상여의 진심을 알고는 크게 사죄하고 우정을 나눈 이야기에서 유래되었다. (《사기》 〈염파인상여열전〉)
- 수어지교(水魚之交): 물과 물고기 같은 우정. 제갈량을 얻은 유비가 자신과 제갈량을 물과 물고기에 비유한 고사에서 유래되었다. (《관자》 〈소문〉)
- 막역지교(莫逆之交): 의기투합하여 조금의 의심이나 거슬림

이 없는 사이 혹은 우정을 말한다. (《장자》 〈대종사〉)

- 망년지교(忘年之交): 나이를 잊은 우정. 동한시대 스물의 약관 예형과 마흔의 공융이 나이를 초월하여 우정을 나눈 일에서 비롯되었다. (《후한서》 〈예형전〉)
- 빈천지교(貧賤之交): 어렵고 가난할 때 함께한 우정. 《후한서》 〈송홍전〉에서 송홍이 인용한 "어렵고 가난할 때의 친구는 잊을 수 없다"라는 말에서 비롯되었다.

50대에게 벗과 우정은 어떤 의미일까? 수많은 관계 중의 일부일까? 아니면 유별한 존재로서 특별한 의미를 가질까? 그보다 내게 진정한 벗은 있는가?

아마 생각들이 많으리라. 백아처럼 거문고 줄을 끊을 수 있는 벗을 곁에 두고 있다면 정말 인생을 잘 살아온 사람이다. 분명하게 말할 수 있는 것은 나이가 들면서 우정의 성격과 경지가 달라진다는 사실이다.

부모가 나를 낳아 주고 벗이 나를 알아준다

관중과 포숙의 동료애

나를 낳아 준 분은 부모이지만 나를 알아준 사람은 포숙이다.

生我者父母, 知我者鮑子也

생아자부모 , 지아자포자야

권62 〈관안열전〉

인간관계에서 흔히 볼 수 있는 관계 형성 과정의 하나로 동료가 친구로 발전하는 것이 있다. 'fellow'에서 'friend'가 되는 것이다. 거꾸로 친구에서 동료가 되는 관계도 있다. 친구와 동료는 무엇이 다를까? 우선은 함께한 시간에서 차이가 날 것이다. 시간의 길고 짧음은 관계의 깊이에 있어 절대적이지 않지만 어느 정도 영향을 준다. 물론 동료로 지낸 시간이 친구로 지낸 시간보다 길면 상황이 바뀌겠지만 친구에 대한 감정과 동료에 대한 감정이 똑같을 수는 없을 것 같다.

나의 경우 고향이나 학교에서 사귄 친구보다 사회에 나와 사귄 친구가 더 많다. 사회 친구라고 해서 다 동료는 아니다. 그래서 친구와 동료를 딱 구분하지 못하는 편이다. 그저 둘의 관계에 깔린 경계심의 정도 차이만 막연히 느낄 뿐이다. 다시 말해 친구보다는 동료에 대한 경계심이 상대적으로 강하지 않을까 하는 생각이다.

어느 쪽이든 우정(friendship)을 유지하면서 동료 의식(fellowship)도 유지하려면 무엇이 필요할까? 양쪽을 다 잘 유지할 수 있는 비결이 있을까? '관포지교'를 통해 이 문제를 생각해 볼까 한다.

사심 없는 공사 구별로
친구와 나라를 살리다

관포지교의 주인공은 춘추시대 제나라를 일류 강국으로 이끈 관중과 포숙이다. 이들은 젊어서는 함께 장사도 한 친구 사이였다. 이들의 우정에서 가장 눈길을 끄는 대목은 포숙이 늘 관중에게 양보를 했다는 점이다.

제나라가 정쟁으로 혼란에 빠지자 관중과 포숙은 각각 다른 공자를 모시고 망명하였다. 그 뒤 포숙이 모시던 공자 소백이 국군 자리에 올랐다. 이가 환공이다. 이 과정에서 관중은 자신이 모시는 공자 규를 위하여 환공을 활로 쏘아 죽이려 하였다. 국군이 된 환공은 자신을 죽이려 하였던 관중을 잡아 죽이려고 노나라에 있던 관중의 송환을 요구하였다. 그리고 자신의 즉위에 가장 큰 공을 세운 포숙을 재상에 임명하려 하였다. 그러나 포숙은 관중을 살려 줄 것을 요청하면서 나아가 자신의 재상 자리를 관중에게 주라고 하였다. 영문을 모르는 환공에게 포숙은 이렇게 말하였다.

> **"신은 백성을 안정시키고 생산을 늘리는 일에서 관중만 못합니다. 신은 나라를 바르게 다스리고 제후들을 화합시키는 일에서 관중만 못합니다. 신은 백성에게 믿음을 주고 권위를 수립하는 면에서 관중만 못합니다. 신은 예법을 제정하고 나라를 규범화하는 일에서 관중만 못합니다. 신은 사기를 진작시켜 적을 제압하고 물리치는 면에서 관중만 못합니다."**

관중은 포숙의 사심 없는 양보로 재상이 되어 40년 가까이 제나라의 국정을 이끌었다. 관중은 혼신의 힘을 다하였고 제나라는 춘추시대 제후국 중 가장 강하고 부유한 나라가 되었다. 그러다 40년 가까이 국정을 이끌던 관중이 늙고 병들어 일어날 수 없게 되었을 때 무엇보다 후임 재상 자리가 걱정되었던 환공이 병문안을 핑계로 관중에게 후임을 물었다. 환공은 아직 건재한 포숙을 염두에 두고 있었고 다른 대신들도 마찬가지였다. 그러나 관중의 입에서 나온 후임자는 포숙이 아니었다. 환공은 당연히 "포숙은요?"라고 되물었고 관중은 이렇게 말하였다.

"포숙은 사람이 너무 맑아 재상 자리에는 적합하지 않습니다. 주위에 적을 많이 만들게 되어 조정이 평탄치 못할 것입니다. 습붕이 무난하니 그를 후임자로 임명하십시오."

관중 역시 포숙과 마찬가지로 사심 없이 후임 재상을 추천하였다. 두 사람은 놀라운 공사 분별의 자세를 보여 주었다.

그러나 이야기는 이걸로 끝이 아니다. 환공과 관중의 대화를 들은 누군가가 포숙에게 이 이야기를 들려주며 관중을 비판하였다. 포숙 당신이 아니었다면 관중이 어떻게 목숨을 부지할 수 있었으며 어떻게 40년 동안 재상 자리를 누릴 수 있었겠느냐는 것이었다. 이제 살면 몇 년을 더 산다고 포숙을 놔두고 다른 사람을 후임으로 추천하다니 이게 의리냐는 뜻이었다. 그러나 포숙은 담담하게 이렇게 한마디를 남겼다.

"그만하시오. 내가 사람 하나는 잘 보았소. 내가 그러라고 그 사람을 그 자리에 추천한 것이오."

상대를 허심탄회하게 인정하는 고귀한 정신

대개 '관포지교' 하면 두 사람이 친한 친구 사이였다는 것과 포숙의 양보 정도만 알고 뒷이야기는 거의 모를 것이다. 포숙은 자신의 능력이 관중에 비하여 모자라다는 사실을 확실하게 인정하였다. 그것도 조목조목 관중의 장점을 들면서 말이다. 친구가 되었건 동료가 되었건 좋은 관계, 변치 않을 관계의 첫 번째 조건은 상대에 대한 인정이다. 허심탄회한 인정은 추종을 가능케 한다. 영어로 말하면 'followship'이다.

포숙은 관중의 능력을 인정하였고, 그래서 기꺼이 관중보다 낮은 자리에 임할 수 있었다. 두 사람은 친구에서 동료가 되었다. 서로 도우며 한 나라를 함께 이끌었다. '관포지교'의 핵심은 두 사람의 진정한 우정은 인정과 추종, 사심 없는 공사 분별이라는 가치가 뒷받침되었기에 가능하였다는 것이다.

언젠가 한 기업체의 중간 간부들을 대상으로 한 특강에서 '관포지교'를 이야기하였더니 "교수님, 그런데 저게 가능해요?"라는 질문이 날아들었다. 포숙의 양보와 팔로워십이 조직에서는 불가능하다는 뜻이었다. 나의 대답은 이랬다.

"포기하시겠습니까? 저는 포기하지 못합니다. 인간은 누구나 포숙 같은 고귀한 정신을 가지고 있기 때문입니다."

친구가 동료가 되거나 동료가 친구가 되는 일은 얼마든지 있다. 그 과정에서 우정과 동료애를 손상시키지 않고 관계를 유지하기가 생각만큼 쉽지는 않을 것이다. 그럴 때 관중과 포숙을 떠올리기를 권한다. 특히 포숙의 사심 없고 허심탄회한 인정과 양보 그리고 추종을 기억하라. 사마천은 포숙의 전기를 남기지는 않았지만 관중에 대한 기록 안에다 세상 사람의 평가를 빌려 포숙의 고귀한 양보 정신에 대한 기록을 빼놓지 않았다.

"세상 사람들은 관중이나 환공보다 포숙을 더 칭찬하였다."

《사기》 권62 〈관안열전〉

배우고 생각하면 말과 글이 달라진다

골계의 말과 글

말이 미묘하면 다툼도 해결할 수 있다.

談言微中, 亦可以解紛

담언미중, 역가이해분

권126 〈골계열전〉

송나라의 증조가 편찬한 《유설》에 인용된 《묵객휘서》를 보면 당나라 때 시인 백거이의 글쓰기와 관련한 일화가 전해진다. 백거이는 시란 세상 사람들이 이해하고 기억할 수 있어야 한다고 생각하였다. 그래서 깊게 들어가서 쉽게 나오도록 평이하고 통

속적으로 쓰는 데 주의를 기울였다. 시를 쓰면 이웃집 노파에게 보여 준 뒤 노파가 이해하면 그대로 쓰고 이해하지 못하면 이해할 때까지 고쳐 썼다. 여기서 '노파도 이해할 수 있다'는 의미의 "노구능해(老軀能解)"라는 성어가 나왔다.

백거이는 또 평범한 사람에게서 항간의 다양한 이야기를 듣고 작품에 반영하기도 하였고 시를 완성하면 직접 그것을 읊으며 작품에 대한 반응을 보고 들어 적절하게 고치거나 보완하였다. 이와 관련하여 말과 글에 관한 선각자들의 지혜를 소개한다.

말에서 군자와 소인이 드러난다

한나라 때 학자 양웅은 대표적인 저서 《법언》의 〈문신〉에서 "말은 마음의 소리요, 글은 마음의 그림이다(言心聲也, 書心畫也. 언심성야, 서심화야)"라는 참으로 기가 막힌 명언을 남겼다. 훗날 서예가들과 학자들은 이 대목을 빌려 한 글자만 바꾸어 '언위심성, 서위심화(言爲心聲, 書爲心畵)'라고 표현하였다. 똑같은 뜻이다. 양웅은 이 대목 바로 다음에 "소리(말)와 그림을 보면 군자와 소인이 드러난다"라고도 하였다. 말을 하든 글을 쓰든 진실한 마음을 바탕에 두어야 한다는 뜻이다.

전국시대의 사상가 순황은 유가 사상을 집대성한 《순자》〈유효〉에서 "말은 이치에 합당해야 하고 일은 직무에 합당해야 한다. 군자가 잘하는 바이다"라고 하였다. 이치에 맞지 않는 말, 자기 능력과 재능에 맞지 않는 일은 인간관계를 어긋나게 한다. 말로 억지를 부리거나 맞지 않은 일을 고집하는 사람은 결국 사회의 낙오자로 전락한다.

한나라 초기의 천재 정론가이자 불운의 정치가였던 가의는 《신서》〈대정〉 상편에서 "지혜로운 사람은 말과 행동에 신중하다. 그래서 몸에 복을 받는다. 어리석은 자는 말과 행동을 함부로 한다. 그래서 몸을 망친다. 그러므로 군자는 말을 하였으면 행동으로 옮겨야 하고 행동하였으면 말로 알려야 한다"라고 하였다. 이 대목은 번역에 따라 함축하는 뜻이 깊어진다. '말을 하였으면 행동으로 옮길 수 있어야 하고, 행동은 말로 알릴 수 있어야 한다'고 해석할 수 있다. 또 '말은 행동으로 옮길 수 있어야 하고, 행동은 말로 전달할 수 있어야 한다'는 뜻으로 이해할 수도 있다. 즉 '행동으로 옮길 수 있는 말'과 '말로 전달할 수 있는 행동'을 가리킨다. 상대가 이해하고 인정하여 행동으로 옮길 수 있는 말과 행동으로 옮겨도 부끄럽지 않을 말에 방점이 찍힌다. 어느 쪽이나 언행일치라는 공통분모가 있다.

언어의 격이 곧 인격이다

사마천은 풍자와 유머로 권력자에게 충고하거나 갈등과 충돌을 해결한 유머리스트들을 기록으로 남기는 놀라운 인식을 보여주었다. 그 기록이 바로 〈골계열전〉이다. '골계'는 풍자를 비롯하여 해학, 익살 등을 모두 포괄하는 단어이다. 대체로 익살이라는 의미에 가깝고 영어로는 풍자로 번역되는 'witty', 'satire', 'humor'나 'comic'에 가깝다. 사마천은 역사책에 이례적으로 〈골계열전〉을 따로 마련하여 이 방면에 뛰어난 사람들을 소개하였다. 골계는 훗날 미학 용어 '골계미'를 탄생시키기도 하였다. 이 기록의 첫머리에서 사마천은 천고의 명언을 남겼다.

말이 미묘하면 다툼도 해결할 수 있다.

談言微中, 亦可以解紛.

담언미중, 역가이해분.

즉 오가는 말이 적절하면 갈등과 모순, 나아가 싸움도 해결할 수 있다는 뜻이다.

공부를 제대로 한 사람은 글과 말을 쉽게 쓴다. 반면 어설프게 공부한 자가 어려운 글과 말로 세상 사람들을 농락한다. 이런 자는 무지와 남에 대한 무시가 몸에 배어 있다. 이런 지적 오만은 자신은 물론 남까지 해친다. 오십은 소통이 중요한 나이이다. 언어의 격이 인격이 된다. 바꾸어 말해 말과 글이 어느 때보다 중요해진다. 부지런히 배우고 깊이 생각하면 말이 달라지고 글이 쉬워진다.

아리스토텔레스는 "인간은 이야기하는 동물"이라고 하였다. 철학자 하이데거는 "언어는 존재의 집이다"라고 하였다. 하이데거가 한 말의 철학적 해석과 별도로 인간에게 언어가 얼마나 중요한가를 잘 보여 주는 명언이 아닐 수 없다. 오십의 무게는 말과 글로 결정된다고 해도 지나치지 않다.

작은 돌부리도 되지 말라

신릉군과 안리왕의 상처

무엇을 잘못한 줄 모르고 어떻게 그 잘못을 없앨 수 있나?

不知其非, 安能去非

부지기비, 안능거비

육구연, 〈시나장부〉

50대에 들어서면 상처 입는 일이 많아진다. 사회적인 활동이 많기 때문에 자리와 명성은 올라가지만 그만큼 배신당하거나 다투는 일도 잦아져 마음에 상처를 입는다. 인간관계가 다양해지고 넓어지는 과정에서 만날 수밖에 없는 상처이다. 호랑이가 상처를 입는 꼴이다. 상처가 불가피하다고 하여 회복에 소홀해서는 안 된다. 심신의 건강 유지에 신경을 써야 한다.

가까운 사람으로부터 부음이 오는 일도 잦아진다. 친구의 부모, 직장 동료의 부모들이 세상을 떠나는 일이 많아지기 때문이다. 혹은 친구가 갑자기 세상을 떠나거나 내 부모가 세상을 떠날 수도 있다. 자녀는 학업이나 직장을 잡아 독립하여 떠난다. 부부가 헤어지는 일도 이 나이대에 많이 일어난다. 이 모든 일이 상처이다.

이때 건강을 해치면 노년이 힘들어진다. 그래서 심신의 건강 유지에 애쓰라는 것이다. 전국시대를 풍미하였던 위나라의 명사 신릉군의 사례를 한번 보자.

상처가 곪으면 환부가 커진다

전국시대 말기로 들어서면서 각국은 중앙 정부가 주도적으로 인재들을 통제하거나 발탁할 수 없는 난맥상을 보였다. 그래서 왕실이나 귀족, 특히나 인심을 얻은 유력한 인물들이 자신의 경제력을 바탕으로 인재를 보살피고 관리하였다. 이렇게 해서 이른바 '전국 4공자'로 불리는 유력자들이 나타났다. 이들은 많으면 수천 명의 식객을 자기 집안에 거느렸다. 여기서 "식객 삼천(食客 三千)"이라는 표현이 나왔다. 식객들 가운데 능력 있고 재주가 뛰어난 사람은 중앙 조정에 추천되기도 하였다. 전국시대 4공자의 영향으로 인재와 국가 정책 및 외교 문제에 식객들의 작용이 크게 발휘되었다.

전국시대 위나라에 '식객 삼천'으로 대변되는 명망가로 위공자 신릉군이 있었다. 신릉군은 위나라 소왕의 막내아들로 안리왕의 이복동생이었으며 이름은 무기였다. 소왕이 죽고 안리왕이 즉위하자 신릉에 땅을 주어서 봉하고 그를 신릉군으로 불렀다. 그는 여러 차례 자신의 식객들을 동원하여 강대국 진나라의 침략을 저지하는 뛰어난 활약을 보였다.

신릉군의 생애는 배다른 형님 안리왕과의 갈등과 화해, 또 한 번의 갈등과 은퇴 그리고 죽음으로 이어지는 과정을 보여 준다. 신릉군은 안리왕을 압도하는 명성과 막강한 정보력으로 서방의 강대국 진나라가 동방으로 진출하는 것을 막는 데 결정적인 역할을 하였다. 이 때문에 진나라는 기를 쓰고 신릉군과 안리왕을 이간하려 하였고 안리왕이 이 계책에 걸려 신릉군을 조정에서 내쳤다. 큰 상처를 입은 신릉군은 병을 핑계로 낙향하여 술과 여자로 시간을 보냈고 결국 건강을 해쳐 일찍 세상을 떠났다.

신릉군의 '독한 술과 여자'를 사마천은 "순주부인(醇酒婦人)"이라는 네 글자로 표현하였다. '순주'는 독한 술을, '부인'은 여자를 말한다. 이로부터 '순주부인'은 주색에 완전히 빠지는 것을 두루 가리키는 성어가 되었다. 순주부인은 '순주미인(醇酒美人)', '부인순주(婦人醇酒)'라고도 쓴다.

갈등이 부른 상처, 상처가 부른 멸망

신릉군의 정보력을 보여 주는 일화 하나를 소개한다. 신릉군이 형님 안리왕과 바둑을 두는데 급하게 사신이 왔다. 조나라 왕이 군사를 몰고 국경을 쳐들어오는 중이라고 보고하였다. 왕이 허둥지둥 어떻게 하면 좋겠냐고 묻자 신릉군은 "조나라 왕이 사냥하러 나온 것이니 걱정하실 필요 없습니다"라며 태연하게 바둑을 두었다. 조금 있으니 사신이 와서 위나라를 공격하러 온 것이 아니고 사냥을 나온 것이라고 보고하였다. 안리왕이 놀라서 신릉군에게 동생은 어떻게 그 사실을 알고 있는지 물었다. 신릉군은 "제가 조나라 왕 주변에 사람을 심어 놓았습니다. 그래서 이미 저한테 보고가 왔습니다"라고 하였다.

이 일로 안리왕은 신릉군을 가까이 두지 않고 경계하였다. 국왕인 자신에게도 없는 정보망을 가지고 있었으니 어찌 보면 당연하였다. 더욱이 두 사람이 배다른 형제라는 사실도 안리왕이 신릉군을 완전히 믿지 못하는 요인으로 작용하였을 가능성이 있다. 어찌 되었든 이 일로 안리왕이 상처를 받았고 신릉군 역시 진심을 몰라 주는 형님에 대한 섭섭함으로 적지 않은 상처를 받았을 것이다.

그로부터 얼마 뒤 두 사람의 사이가 더 멀어지는 사건이 발생하였다. 기원전 260년, 장평 전투에서 조나라의 40만 대군이 진나라 군대에 의하여 생매장당하는 끔찍한 일이 벌어졌다. 조나라는 거의 멸망 직전에 몰렸고 진나라의 위세가 천하를 떨게 하였다. 그로부터 3년이 지난 기원전 257년에 진나라가 다시 조나라를 공격하였다. 40만 대군이 생매장당한 뒤 조나라는 젊은이의 씨가 말랐다고 표현할 만큼 절망적인 상황이었다.

조나라의 유력자이자 전국시대 4공자의 한 사람인 평원군이 신릉군에게 조나라를 도와 달라고 요청하였다. 신릉군의 누이가 평원군의 부인이었으니 둘은 처남과 매부 사이였다. 조나라가 망하면 다음은 위나라 차례였으니 두 나라는 '순망치한(脣亡齒寒)'의 관계였다. 입술이 사라지면 이가 시린 법이다. 조나라로서는 선택의 여지가 없었고 당연히 위나라에 도움을 청하였다. 신릉군은 안리왕에게 이를 알렸다. 안리왕은 망설였다.

안리왕이 결단을 내릴 가능성이 없어 보이자 신릉군은 자신의 식객을 이용하여 군대를 동원할 수 있는 부절을 훔친 다음 군대 동원을 거부하는 장수를 죽이고 조나라를 구원하였다. 여기서 '부절을 훔쳐 조나라를 구하다'라는 "절부구조(竊符救趙)"라는 성어가 나왔다. 신릉군은 직접 조나라로 갔고 결국 진나라를 물리칠 수 있었다.

진나라를 격파하고 조나라도 구하였지만 신릉군은 돌아갈 수 없었다. 임금의 명령을 어기고 병권을 회수하는 부절을 훔쳤으며 장수까지 죽였기 때문이다. 신릉군은 병사와 식객을 위나라로 돌려보내고 자신은 조나라에 남았다. 10년 넘게 조나라에 머무르면서 자신의 명성을 더욱 크게 떨쳤다. 평원군의 식객 절반이 신릉군 밑으로 들어올 정도였다.

이 무렵 위나라의 안리왕은 신릉군을 향한 서운함이 누그러지고 속상함도 풀려서 귀국을 독촉하였다. 섭섭한 감정이 남은 신릉군 입장에서는 조나라에서 사는 것도 괜찮았기 때문에 형님과의 갈등이 있는 위나라로 돌아가기를 망설였다. 이때 신릉군을 모셔 왔던 모공과 설공이 나서서 "위나라의 공자 출신으로서 위나라를 위해서 충성을 다하고 할 일을 다하여야 합니다. 남의 나라에서 계속 머무르는 것은 안 됩니다"라고 직언하였다.

그렇게 십수 년 만에 신릉군은 고국 위나라로 돌아왔다. 형 안리왕과 동생 신릉군은 눈물로 재회하였다. 안리왕은 화해의 표시로 신릉군을 군대의 최고 직위인 상장군으로 임명하였다.

결과적으로 신릉군의 활약으로 20년 만에 위, 한, 조, 초, 제, 다섯 나라가 연합하여 진나라에 맞서는 합종이 성사되었고 이로써 진나라의 동방 진출이 막혔다. 이에 진나라는 첩자를 동원하여 안리왕과 신릉군을 갈라놓을 이간책을 쓰기 시작하였다. 첩자들은 신릉군의 식객을 상대로는 "신릉군이 아직 왕이 안 되었나요?"라는 말로 선동하였고 안리왕에게는 "동생 신릉군이 곧 왕이 된다면서요?"라는 말로 자극하였다. 이렇게 진나라 첩자들은 끊임없이 형제 사이를 이간질하였다.

안리왕은 동생 신릉군을 의심하기 시작하였다. 국제적으로 명망이 높은 동생이 자기 자리를 넘본다고 생각하니 불안할 수밖에 없었다. 동생을 절대 신뢰하지 못하는 안리왕이 흔들린 것은 어찌 보면 자연스러웠다. 게다가 두 사람은 이미 몇 차례 곡절을 겪지 않았나. 안리왕은 신릉군의 상장군 자리를 박탈하고 병권을 완전 회수하였다. 신릉군은 낙담해서 귀향하였다. 병을 핑계로 조정에 돌아가지 않고 식객들과 매일 밤새 '독한 술과 여자'로 세월을 보냈다. 이렇게 하기를 4년, 신릉군은 결국 술병으로 세상을 떠났다.

신릉군은 기원전 243년에 세상을 떠났고 그해에 안리왕도 죽었다. 신릉군이 죽었다는 소식을 접한 진나라는 명장 몽오로

하여금 위나라를 공략하였고 매년 위나라 땅을 조금씩 먹어 들어갔다. 위나라는 그로부터 18년 뒤인 기원전 225년에 멸망하였다.

어떤 흉터는
지워지지 않는다

우리가 받는 상처 중 많은 경우가 나와 가까운 사람 때문에 생긴다. 나와 내가 사랑하고 아끼는 사람에 대한 믿음이 부족하면 주위의 이러쿵저러쿵하는 말들에 마음이 흔들리기 쉽다. 안리왕과 신릉군 형제도 다른 사람의 말에 휘둘려 큰 상처를 입었다. 상처의 결과가 나라의 운명에 절대적인 영향을 미쳤다는 사실이 남다를 뿐이다. 두 사람이 한 나라의 절대 권력자였기 때문이다. 안리왕은 첩자의 이간책에 흔들렸고 신릉군은 형님에 대한 믿음을 접고 낙담하였다. 낙담이 지나쳐 자신의 몸과 마음을 해쳤다.

나의 상처, 특히 내 잘못으로 인한 상처가 나만이 아니라 주위에 영향을 줄 수 있다는 점도 새겨야 한다. 우리는 살면서 작은 돌부리에 걸려 넘어지지 산에 걸려서 넘어지지는 않는다. 사소한 잘못이 상대에게 큰 상처를 줄 수 있다. 서로를 할퀴는 작은 실수에 조심해야 할 나이이다. 작은 일을 못하면 큰일도 못한다.

나의 평소 소신이다. 비슷한 뜻의 명언 한 구절로 이 소신에 힘을 싣는다.

> **천하의 어려운 일은 반드시 쉬운 일에서 시작해야 하고, 천하의 큰일은 반드시 세세한 작은 일에서 시작해야 한다.**

> 天下難事必作於易, 天下大事必作於細.
> 천하난사필작어이, 천하대사필작어세.
>
> 《노자》 제63장

인정은 양방향으로 흐른다

한신의 인정

신은 많으면 많을수록 좋지요.

臣多多而益善耳

신다다이익선이

권92 〈회음후열전〉

누군가를 있는 그대로 인정하는 자세는 자신에 대한 겸손의 표현이다. 인정받고 싶어 하는 인정 욕구는 인간의 본능에 가깝기 때문이다. 누군가를 있는 그대로 인정하면 자신도 인정받을 수 있다. 이로써 사회적 풍토는 활기차지고 일의 능률이 오른다.

그런데 우리는 인정에 상당히 인색하다. 누군가를 인정하는 것은 자신을 깎아내리고 내 능력이 모자라다고 자백하는 것과 같다고 잘못 생각하기 때문이다. 인정 욕구가 강한 것도 문제이다. 누군가로부터 인정을 받지 않으면 못 견디는 사람은 조직의 분위기를 흐리고 자신까지 해친다. 하찮은 성과까지 앞세우며 인정을 받아야 직성이 풀리는 사람이 의외로 우리 주위에 많다. 이런 욕구를 절제하지 못하면 어떤 결과를 초래하는지 역사적인 사례를 통하여 생각해 보자.

인정이 자신을 향하면
과유불급이다

초한쟁패는 기원전 206년부터 본격화되어 5년 동안 이어졌다. 유방은 절대적인 열세에도 불구하고 역전승하였다. 이 승리에 결정적인 공을 세운 세 사람을 '서한삼걸(西漢三傑)'이라고 불렀다. 소하, 장량, 한신이 그들이었다. 서한삼걸은 훗날 창업에 가장 큰 역할을 한 공신을 가리키는 대명사가 되었다.

이 세 사람 중 한신의 역할이 가장 돋보였다. 그는 항우 밑에 있다가 유방에게로 건너온 사람이다. 당시 유방은 한중이라는 곳에 갇혀 오도 가도 못하는 궁색한 상황이었다. 소하의 적극적인 추천으로 대장군에 임명된 한신은 유방에게 겉으로 잔도를 수리하는 척하면서 몰래 진창을 들이닥치는 '명수잔도, 암도진창(明修棧道, 暗渡陳倉)'의 계책을 건의하였다. 유방은 마침내 한중을 나와 항우와 본격적인 경쟁에 들어갈 수 있었다.

한신은 그 후로 거의 모든 전투에서 승리를 거두었다. 반면 유방은 여러 차례 패배하였고 그때마다 한신의 군대를 자기가 차지하여 지휘하였다. 한신은 다시 병사를 모아 정예병으로 훈련시켜 전투에 나섰고 계속 승리하여 마침내 항우를 꺾었다. 한신은 엄청난 공으로 다른 공신들이 엄두도 낼 수 없는 제왕(齊王)으로 봉해졌다.

그런데 이 과정에서 한신은 유방의 심기를 여러 차례 건드리는 우를 범하였다. 그중 가장 심각한 것은 제나라를 평정한 다음 유방에게 사람을 보내 자신을 제왕으로 봉하여 달라고 자청한 일이었다. 이런 요청, 아니 요구는 유방과 맞먹겠다는 오만함의 표출이었다. 당시는 초한쟁패가 막바지에 접어든 상황이라 유방은 끓어오르는 화를 억누르며 한신을 제왕으로 삼았다. 항우의 마지막 전투였던 해하에서도 한신은 군대를 바로 출격시키지 않았다. 유방은 땅과 벼슬을 조건으로 한신을 달래라는 장량의 건의를 받아들여 상황을 간신히 수습할 수 있었다.

항우를 물리치고 난 다음 유방은 편한 자리에서 한신과 대화를 나눌 기회를 얻었다. 그 자리에서 유방은 한신을 시험하였다. 당시 두 사람의 대화를 현대어로 재구성하였다.

"한신, 내가 그대 같은 장수라면 병사를 얼마나 거느릴 수 있겠는가?"

"폐하는 10만이면 충분합니다."

"그러는 그대는?"

"신은 많으면 많을수록 좋지요."

"다다익선이라면서 왜 내게 붙잡혔소?"

"폐하는 '장수를 잘 다루는 장수(善將將, 선장장)'이십니다."

한신은 별생각 없이 "다다익선"이라고 답하였다가 유방의 추궁에 당황하여 "장수를 잘 다루는 장수"라는 말로 둘러댔다. 하지만 때는 늦었다. "다다익선"은 한신의 오만한 성격을 단적으로 보여 주는 표현이었다. 그동안 한신이 보였던 행동을 감안하면 "다다익선"이라는 말 뒤에는 토사구팽의 그림자가 어른거리고 있었다. 결국 한신은 그로부터 얼마 뒤 가족과 함께 토사구팽을 당하였다.

한신은 끊임없이 인정받기를 바랐다. 자신이 다른 사람들과 다르다는 자의식이 강하였기 때문이다. 제왕으로 봉해 달라는 요구는 그 단적인 표현이었다. 같은 공신이었던 번쾌는 한신의 군사적 능력을 인정하여 그를 '대왕'이라고 높여 불렀다. 시간이 나면 한신을 집으로 초대하여 술과 음식을 대접하였다. 그러나 잘 먹고 마시고 난 후 한신의 입에서는 "내가 번쾌 같은 놈하고 어울리다니"라는 자책의 말이 나왔다. 이것이 '번쾌와 어울리는 것을 부끄러워한다'는 의미의 성어 "수여쾌오(羞與噲伍)"이다.

한신은 분명 남다른 군사적 재능을 지닌 명장이었다. 유방은 항우를 물리친 다음 공신들을 논평하는 자리에서 서한삼걸을 언급하며 자신은 정치와 행정에서는 소하만 못하고, 전략과 전술에서는 장량만 못하며, 군사와 전투에서는 한신만 못하다며 이들의 능력과 공로를 극찬하였다. 한신을 포함한 서한삼걸을 공식적인 자리에서 인정하였다. 그럼에도 한신은 끊임없이 인정해 주기를 바랐고 그러면서도 다른 공신들을 무시하였다. 차별 대우를 바란 것이다. 한신의 오만함은 지나친 인정 욕구로 나타났다. 지나친 인정 욕구는 결국 오만함의 또 다른 표출이다.

인정은 강력한 동기 부여가 된다. 다만 인정을 받으려면 다른 사람도 인정할 줄 알아야 한다. 능력이 있다고 특별 대우나 특권을 요구하여서는 안 된다. 묵묵히 자신의 능력을 발휘하고 성과를 내면 주위에서 알아서 특별 대우를 해 준다. 자신의 능력이 남보다 조금 낫다고 하여 남을 무시해서도 안 된다. 그것은 오만함의 표출에 다름 아니다.

한신은 초한쟁패 막바지에 항우, 유방과 함께 천하를 삼분할 수 있을 정도의 힘을 가지고 있었다. 그러나 그에게는 천하를 삼분할 배짱이 없었다. 능력이 있었지만 오만하였고 오만하였지만 배짱이 없었다. 그러면서 끊임없이 인정받으려 하였고 인정 욕구 때문에 특별 대우를 바랐다. 때문에 그는 숙청되었다. 군사가 많으면 많을수록 좋다고 말할 정도의 병권을 가진 장수를 곁에 두고 특별 대우할 리더는 어디에도 없다.

화살이 심장을 뚫어도 발끝을 스친 것처럼 반응한다

유방의 감정

내게도 한 그릇 나누어 다오!

分我一杯羹

분아일배갱

권7 〈항우본기〉

동물에게는 없는 감정이 인간에게는 있다고 한다. 나른 모든 동물에게 정말 감정이 없는지에 대하여 인간인 나는 늘 고개를 갸웃하였다. '동물이 되어 보지 않은 이상 어떻게 그렇게 단정할 수 있을까?' 하는 단순한 의문 때문이다. 이런 의문에도 불구하고 이성이 인간에게만 있다는 말에는 동의하는 편이다. 그리고 감정과 이성에 무 자르듯 경계가 딱 그어져 있지는 않다고 생각한다. 어쩌면 시도 때도 없이 이 둘을 오가는 것이 인간의 마음 아닐까. 감정과 이성 역시 교집합이다.

감정을 표출하려면 어떤 자극이 있어야 한다. 가시나 창같이 뾰족한 것으로 감정과 이성의 경계선을 찌르는 것이 자극이다. 이 자극에 적극 반응하는 사람을 가리켜 대개 '성질이 급하다', '성질이 불같다', '화를 잘 못 참는다', '예민하다'라고 표현한다. 자극에 약하다는 말이다.

나이가 들면서 자극에 대한 반응이 대체로 약해진다. 일단 참기 때문이다. 이는 사회생활로 축적된 경험에서 나오는 대처법에 가깝다. 그만큼 노련해졌다는 뜻이기도 하다. 여기서 한 걸음 더 나아가면 상대의 자극을 역으로 되받아치는 스킬을 갖추기도 한다. 비즈니스에서 협상 같은 것을 많이 하면 자연스럽게 터득하는 기술이다. 물론 이런 감정 처리법이 친구나 가족에게도 똑같이 적용되지는 않는다. 만약 가족이나 친구에게도 이런 식으로 대처하거나 감정을 처리한다면 십중팔구 냉혈한이라는 소리를 들을 것이다.

의학적으로 남성의 경우 오십을 지나면 여성 호르몬이 많이 분비되어 사소한 일에도 감정이 북받치거나 심하면 눈물을 자주 흘린다고 한다. 의학적 지식이 없기는 하지만, 이 역시 사람에 따라 다른 것 같다는 생각이다. 50대에 그런 감정의 변화를 겪지 않았기 때문이기도 하고 젊었을 때도 눈물이 많은 편이었기 때문이다. 특히 감동적인 상황을 보거나 겪으면 대개 눈물을 흘렸다. 반면 사회생활이나 인간관계와 관련해서는 대체로 감정을 쉽게 표출하지 않게 되었다. 요컨대 인간이라는 존재가 대단히 복잡하고 복합적이라서 뭐라고 규정하기가 불가능하다는 것이 지금까지 내가 내린 나름의 결론이라면 결론이다.

어쨌든 감정이 메마른 사람이 아니라면 감정은 처리하는 것이 중요하다. 그 자리에서 바로 폭발시키는 경우, 그 순간에는 참았다가 남들이 보지 않는 곳에서 마구 화를 내는 경우, 속에서는 열불이 나지만 꾹 참고 삭이는 경우, 차분하게 받아들인 다음 반격을 준비하는 경우, 아주 유효적절하게 순간적으로 역공을 가하는 경우 등이 감정 처리의 다양한 형태이자 방법이다.

요지부동의 유방,
아연실색의 항우

역사에도 감정의 충돌과 관련한 숱한 사례가 남아 있다. 여기서는 초한쟁패의 두 당사자인 항우와 유방의 사례를 소개하고자

한다. 두 사람은 한때 항우의 숙부인 항량 밑에서 진나라에 저항하는 봉기군을 함께 이끌었고 진나라가 망한 뒤에는 천하를 놓고 경쟁에 들어갔다. 특히 기원전 206년, 홍문이라는 곳에서 술자리를 가진 이후에는 직접 대면한 적이 없다. 다만 항우의 요청으로 멀찌감치 떨어져서 대화를 나눈 일이 세 차례 기록으로 남아 있다. 그중 두 장면을 통해 두 사람의 감정 처리에 대하여 생각해 볼까 한다.

초한쟁패는 한신이 전면 등장하기 전까지는 유방의 절대 열세였다. 심지어 유방의 가족이 항우의 포로로 잡히기까지 하였다. 기원전 203년, 초한쟁패가 막바지를 향하여 치열하게 치달았다. 곧 무너질 것 같던 유방은 넘어졌다 다시 일어났다. 이에 항우는 유방의 아버지 태공을 끌고 나와 유방을 불렀다. 그리고는 가마솥 따위를 갖춘 다음 이렇게 협박하였다.

"당장 투항하지 않으면 네 아버지를 삶아 죽이겠다."

유방의 반응은 어땠을까? 유방은 보통 사람의 상상을 초월하는 반응을 보였다.

"너와 나는 회왕 앞에서 형제가 되기로 맹세하였다. 그러니 내

아비가 곧 네 아비이다. 아비를 기어코 삶아야겠다면 나한테도 고깃국 한 그릇 나누어 주기를 바란다."

화가 치민 항우가 진짜 태공을 삶으려 하였지만 숙부 항백이 이해관계를 따지며 말렸다.

또 이런 일도 있었다. 초한쟁패의 대치 상태가 오래가자 사람들이 지쳐 갔다. 항우는 유방에게 면담을 청하여 "천하가 오랫동안 고통받는 것은 우리 두 사람 때문이다. 나와 일대일로 자웅을 겨루어 백성들 힘들게 하지 말자"라고 제안하였다. 이에 유방은 싱긋이 웃으면서 이렇게 대꾸하였다.

"나는 머리로 싸우지 힘으로 싸우지 않는다!"

항우의 반응이 어땠는지 기록으로 남아 있지 않지만 유방의 아버지를 삶아 죽이려 한 사례로 보아 어느 정도 짐작이 간다.

다음 사례는 이런 짐작을 굳혀 준다.

그 후 항우와 유방은 광무산 골짜기를 사이에 두고 대화를 나누었다. 그 자리에서 유방은 항우의 죄목을 조목조목 따지고 들었다. 화가 난 항우가 싸움을 걸었으나 유방은 응하지 않았다.

더욱 화가 난 항우가 숨기고 있던 쇠뇌를 꺼내 유방에게 쏘아 가슴에 명중시켰다. 이 순간 유방의 반응이 놀랍기 그지없다. 항우가 명중 여부를 확인하기도 전에 유방은 이렇게 고함을 질렀다.

"이런 빌어먹을 놈! 쏘려면 잘 쏘아야지 하필이면 발가락을 맞추다니!"

그러면서 발가락을 문지르며 자기 군영으로 도망쳤다. 이후의 상황 역시 감정 처리 면에서 유방이 항우보다 한 수 위임을 잘 보여 준다. 군영으로 돌아온 유방은 부상으로 몸져누웠다. 그러나 장량은 유방이 갑옷을 입고 말을 탄 다음 군영 전체를 한 바퀴 돌게 하였다. 항우가 척후병을 보내 상황을 탐지할 가능성이 컸기 때문이다. 실제로 군영으로 돌아온 항우는 자신이 쏜 화살이 분명 항우의 발가락이 아닌 몸에 맞은 것 같다고 생각하였고 이에 척후병을 보내 유방의 군영을 살피게 하였다. 그런데 유방이 멀쩡하게 군영을 순시하고 있었다. 이 때문에 항우는 유방을 공격하지 못하였다.

유방과 항우의 승부를 가른 데에는 많은 요인이 있다. 이를 두고 지난 2,000년 동안 많은 분석이 있었고 지금도 이루어지고 있다. 두 사람의 감정 처리 방법의 차이도 분명 하나의 요인으로 꼽힐 수 있겠다. 특히 유방의 감정 처리와 대응 방식은 각 부문의 리더들에게 적지 않은 시사점을 던지므로 찬찬히 되새겨 보기를 권하는 바이다. 참고로 나는 유방의 이런 감정 처리에 리더십을 연계하여 '어떤 상황에서도 당황하지 않는 리더십'이라고 표현한다. 좀 더 속된 말로 하자면 상황에 따라서는 '낯이 두꺼워야' 한다.

약속이 나를 증명한다

계포와 계찰의 보증

초나라 사람들의 속담에 '황금 백 근을 얻는 것이
계포의 승낙 한 번을 얻는 것보다 못하다'고 하더이다.

楚人諺曰得黃金百(斤), 不如得季布一諾

초인언왈득황금백(근), 불여득계포일낙

권100 〈계포난포열전〉

당연한 말이지만 보증은 신뢰를 전제로 한다. 그리고 신뢰란 약속을 지키는 것을 전제로 한다. 내가 다른 사람에게 보증받을 수 있는 인격인가, 상대가 보증해 주어도 될 만한 사람인가는 결국 약속을 잘 지키느냐로 판단된다. 약속에 관한 고사들을 소개하며 이야기를 대신할까 한다.

한 번 승낙하면
반드시 실행하라

초나라 출신의 계포는 젊었을 때부터 의협심이 넘치는 사람이었다. 한 번 승낙하거나 약속한 말은 무슨 일이 있어도 지키는 것으로 이름이 높았다. 계포는 서초패왕 항우가 한나라의 유방과 천하를 걸고 싸운 초한쟁패 때 초나라 대장으로서 유방을 여러 차례에 걸쳐 괴롭혔다. 이 때문에 유방은 계포에 대한 원한이 대단하였다. 유방은 항우를 물리치고 천하를 얻은 다음 계포에게 천금의 현상금을 걸고 전국 방방곡곡에 수배령을 내렸다.

계포는 쫓기는 몸이 되었지만 그가 어떤 사람인지 아는 사람들은 계포를 팔려고 하지 않았다. 오히려 유방에게 계포를 추천하였다. 계포는 유방을 만나 당당하게 자신의 생각을 밝혔고 유방은 그간의 감정을 풀고 그에게 낭중이라는 벼슬을 주었다. 혜제 때는 중랑장으로 승진하였다.

계포가 약속과 신뢰의 보증 수표가 된 데에는 역설적으로 아첨을 잘하고 권세욕과 금전욕이 강한 초나라 사람 조구의 역할이 있었다. 조구는 계포의 명성을 듣고 황제의 숙부인 두장군을 찾아가 계포를 만나려 하는데 소개장을 써 달라고 말하였다. 두장군은 "계장군은 자네를 좋아하지 않는 모양이야. 가지 않는 편이 좋지 않을까"라며 말렸으나 조구는 억지로 졸라 소개장을 얻은 다음 편지로 찾아뵙겠다는 점을 알리고 방문하였다. 계포가 상투 끝까지 화가 치밀어 기다리고 있을 때 찾아간 조구는 인사가 끝나자 입을 열었다.

"초나라 사람들은 황금 백 근을 얻는 것이 계포와의 약속 한 번을 얻는 것만 못하다고 말하는데 도대체 어떻게 하여 그렇게 유명해지셨습니까? 지금 겨우 양과 초나라 정도밖에 알려지지 않고 있습니다만 원래 우리는 동향인이기도 하므로 제가 당신의 일을 두루 선전하고 다니면 머지않아 당신의 이름이 천하에 퍼질 것입니다."

계포는 화를 풀었고 조구로 인하여 그의 이름이 천하에 더욱더 널리 알려지게 되었다고 한다. 계포가 왜 조구에 대한 화를 풀었는지는 기록이 없어 알 수 없지만 조구가 널리 퍼뜨린 '계포의 한 번 약속', 즉 "계포일낙"은 약속과 신뢰의 보증 수표처럼 인식되어 유명한 고사성어로 정착하였다. 또한 이 성어는 한 번 승낙하면 반드시 약속을 실행한다는 뜻으로까지 확대되었다. 이와 비슷한 뜻을 가진 성어로는 '한 번 약속이 천금보다 더 중하다'는 의미의 "일낙천금(一諾千金)", '남자의 말 한마디가 천금보다 중하다'는 의미의 "남아일언중천금(男兒一言重千金)" 등이 있다. "계포일낙"은 고등학교 한문 교과서에도 실려 있는 고사성어이다.

마음속으로 한 약속도 지켜야 한다

계찰은 춘추시대 오나라의 왕 수몽의 막내아들로 어질고 유능하기로 천하에 이름을 떨쳤다. 음악에도 조예가 깊어 각국의 음악에 정통하였다. 오나라의 정신적 지주로서 조정과 백성의 존중을 한 몸에 받았던 명사이기도 하다.

기원전 550년 무렵 계찰은 노나라와 진(晉)나라에 사신으로 파견되어 가는 길에 서(徐)라고 하는 작은 나라를 지나게 되었다. 서의 국군은 계찰이 찬 검이 마음에 쏙 들었으나 차마 달라고 할 수가 없었다. 계찰은 그의 마음을 눈치챘지만 큰 나라에 사신으로 가는 신분이라 검을 풀어 그에게 줄 수 없었다. 당시 귀한 신분의 남자들에게는 검을 차고 다니는 것이 예의였다. 이를 '패검'이라고 하였다. 남성들 사이에 유행한 하나의 풍속이기도 하였다.

계찰이 임무를 마치고 돌아오는 길에 다시 서나라를 들렀는데 안타깝게 그 사이 국군이 세상을 떠났다. 계찰은 그를 찾아 무덤 옆 나무에 자신의 검을 걸어 놓았다. 시종이 죽은 사람에게 검이 무슨 소용이냐고 묻자 계찰이 이렇게 말하였다.

"그렇지 않다. 당초 내가 그에게 검을 줄 마음을 먹었다. 그러니 그가 죽었다고 해서 마음을 바꿀 수 있겠는가?"

사마천은 이런 계찰을 높이 평가하였다.

"연릉계자(延陵季子)의 어질고 덕성스러운 마음과 도의(道義)의 끝없는 경지를 사모한다. 조그마한 흔적을 보면 곧 사물의 깨끗함과 혼탁함을 알 수 있는 것이다. 어찌 그를 견문이 넓고 학식이 풍부한 군자가 아니라고 하겠는가."

'계찰이 검을 걸어 놓았다'는 뜻의 "계찰괘검(季札挂劍)"은 약속과 신의의 중요성을 나타내는 고사성어이다. 특히 마음속으로 한 약속도 지켜야 한다는 것을 감동적인 고사로 전하고 있다. 말로 내뱉지 않고 마음으로 한 약속이라도 지켜야 한다는 계찰의 말이 조금은 고지식하게 들리지만 약속을 헌신짝처럼 내팽개치는 우리 현실에 대한 경종으로 받아들이기에 충분하지 않을까.

나는 누구에게든 기꺼이 나서서 보증을 서 줄 수 있는 사람인가? 내가 기꺼이 보증을 설 수 있는 사람이 주위에 얼마나 있는가? 나 자신은 보증할 만한 사람인가? 이 자문은 결국 다시 약속과 신뢰의 중요성으로 돌아간다. 약속하였으면 지켜야 하고, 지키면 신뢰를 얻는다.

사람을 썼으면 의심하지 않는다

관중의 용인

안정과 위기는 어떤 명령(정책)을 내느냐에 달려 있고,
존속과 멸망은 어떤 사람을 쓰느냐에 달려 있다.

安危在出令, 存亡在所用

안위재출령, 존망재소용

권112 〈평진후주보열전〉

사마천을 비롯하여 역대 현자들 대부분은 어떤 사람을 기용하느냐에 따라 나라의 흥망이 갈린다고 인식하였다. '용인'을 나라의 흥망과 직결한 것이다. 나라에도 이럴진대 기업이나 조직은 말할 것도 없다. 문제는 합당한 사람을 가릴 줄 아는 안목, 인재

를 기용하는 구체적인 방법이 만만치 않다는 사실이다. 그리고 그에 앞서 사람과 인재에 대한 확고한 인식이 요구된다. 그 인식이란 사람과 인재의 역할과 작용을 확신하느냐의 여부이다. 용인에 관한 인식과 관련하여 '관포지교' 이야기를 다시 소환해 보겠다.

수천 년을 관통하는 관중의 리더십 5단계

관중은 친구 포숙 덕분에 목숨을 건졌을 뿐만 아니라 포숙의 고귀한 양보로 제나라의 재상이 되었다. 문제는 환공의 입장이었다. 포숙의 설득으로 관중을 살려 주기는 했지만 재상까지 삼는 일은 마음이 쓰일 수밖에 없었다. 자신을 죽이려 했던 자가 관중 아니던가? 당시 화살이 허리띠에 맞았기에 망정이지 한 치라도 위에 박혔더라면 죽었을 것이다. 이런 자를 재상으로 임명하여 매일 얼굴을 보아야 하니 환공으로서는 꺼리는 것이 당연하였다.

환공은 관중을 재상으로 임명하는 자리에서 관중의 역량을 시험해 보기로 하였다. 관중에게 자신은 약점이 많은데 그래도 천하의 패주가 될 수 있겠냐면서 술, 여자, 사냥을 자신의 약점으로 꼽았다. 관중은 자신 있게 문제없다고 답하였다. 옛날 군주에게 술과 여자 그리고 사냥은 자칫 지나칠 경우 자신은 물론 나라까지 망치는 치명적인 결점이었다. 그런데도 관중이 태연하게 전혀 문제없다고 답하니 환공은 이 자가 혹시 재상 자리가 탐이나 아무렇게 대답하는 것은 아닌지 의문이 들었다. 이에 환공은 그렇다면 어떻게 천하의 패주가 될 수 있겠냐며 구체적인 방안을 물었다. 여기서 관중의 유명한 리더십 5단계가 나온다. 유향의 《설원》에 기록된 관중의 말을 현대어로 의역해 보았다.

"첫째, 사람을 아셔야 합니다(知人, 지인). 둘째, 아시기만 하고 쓰지 않으면 소용없습니다(用人, 용인). 셋째, 사람을 쓰시되 소중하게 쓰셔야 합니다(重用, 중용). 넷째, 중용하셨으면 맡기셔야 합니다(委任, 위임). 다섯째, 위 네 단계를 다 실천하시고도 소인배를 가까이 하시면 다 소용없습니다. 소인배를 멀리하십시오(遠小人, 원소인)."

환공이 듣고 보니 다 맞는 말이고 좋은 말이었다. 그런데 다 맡기면 자신이 할 일이 무엇인지 궁금해졌다. 그래서 "그럼 나는 뭘 하면 되오"라고 물었다. 관중의 답은 간단명료하였다.

"그냥 계십시오!"

환공은 관중의 말을 따랐고 관중은 장장 40년 동안 재상을 맡아 제나라를 '부민부국(富民富國)'으로 이끌었다. 관중이 말한 지인, 용인, 중용, 위임, 원소인의 리더십 5단계는 그 자체로 사람을 기용함에 있어서 반드시 지켜야 하는 과정이다. 이 단계는 수천 년 전이나 지금이나 별반 다를 것이 없다.

그런데 기업의 리더 중 상당수가 3단계 중용의 의미부터 제대로 이해하지 못한다. 인재를 높은 자리에 올리거나 연봉을 많이 주면 된다는 식으로 받아들이는 경우가 많기 때문이다. 높은 자리와 많은 연봉을 주고 일은 하찮은 허드렛일을 시킨다면 이는 결코 중용이 아니다. 인재를 낭비하는 짓이기 때문이다.

그다음 단계인 위임도 말로만 하는 경우가 비일비재하다. 이런 일이 있었다. 관중의 리더십 5단계론에 관한 내 강의를 들은 한 CEO와 함께 중국 역사 탐방을 간 적이 있다. 공항에서 그는 내게 회사 일을 다 위임하고 왔다며 자랑하였다. 나는 잘했다며 격려하였다. 그런데 중국 공항에 도착하기가 무섭게 핸드폰으로 회사 간부에게 전화해서 시시콜콜 업무를 묻고 야단치는 것이 아닌가? 믿음이 전제되지 않으면 위임이 아니다.

원소인도 리더들이 제대로 실천하지 못하는 부분이다. 조직과 인원 배치를 거의 완벽하게 해 놓고도 이를 못 믿어 측근, 즉 비선을 통하여 통제하려는 리더들을 적지 않게 보았다. 원소인을 하려면 역시 자기 조직과 인재에 대한 신뢰가 가장 중요하다.

전통적인 용인의 원칙 중 하나로 '용인불의 의인불용(用人不疑疑人不用, 사람을 썼으면 의심하지 말고 의심스러우면 쓰지 말라)'이라는 것이 있다. 다소 진부한 말이지만 사람을 쓰는 용인에 있어서 진리에 가까운 원칙이다. 또 하나, 인재를 내보낼 때도 신경을 써야 한다. 최대한 예우를 갖추어 쿨하게 떠나보내야 한다. 인재를 맞아들이고 내보냄에 있어 이런 말을 들려주고 싶다.

'오는 사람 머리통 보지 말고 가는 사람 꼬리 보지 말라.'

내게 다가오는 사람은 커 보이고 내게서 멀어지는 사람은 작아 보이기 마련이다. 이런 선입견에서 벗어나라는 말이다.

4장

무엇에 가치를 둘 것인가

| 가지고 싶은 것에 대한 이야기들 |

내가 좇는 것이 나의 가치를 결정한다

자한의 가치

이익이 맞물리면 무거운 쪽을, 손해가 맞물리면 가벼운 쪽을 따른다.

兩利相權從其重, 兩害相衡趨其輕

양리상권종기중, 양해상형추기경

《묵자》〈대취〉

리더십 대신 브랜드십이라는 용어가 유행한 적이 있다. 기업이나 조직의 중심에 리더를 두지 말고 브랜드를 두라는 요지였다. 기업을 상징하는 상표의 가치가 곧 브랜드십이다. 리더를 포함한 조직원 모두가 브랜드의 가치를 위해 협동하여 일하는 기업이라면 당연히 성장하고 발전할 것이다. 그렇다면 가치에 대한 정확한 인식이 필요하겠다. 옛 이야기 둘로 가치에 대하여 생각해 본다.

저마다 가치 있게 여기는 것이 다르다

춘추시대 송나라에 청렴함으로 백성의 존경을 받는 자한이라는 사람이 있었다. 그리 알려지지도 않았고 기록에도 많이 등장하지 않지만《춘추좌전》과《설원》에 기록된 그의 짤막한 두 일화는 사물의 가치와 인간관계의 가치에 대하여 깊은 생각을 하게 한다. 먼저《춘추좌전》의 일화이다.

송나라 사람 하나가 옥의 원석을 얻어 그것을 자한에게 주려 하였으나 자한이 거절하였다. 옥의 주인은 옥을 재차 자한에게 올리며 이렇게 말하였다.

"제가 옥공에게 이 원석을 보였더니 귀한 보물이라고 하더이다. 그래서 이렇게 드리려고 하는 것입니다."

이에 자한이 대답하였다.

"저는 욕심 부리지 않는 '불탐(不貪)'을 보물로 생각하고 그대는 옥을 보물이라 생각합니다. 그런데 그 옥을 제게 주면 우리 두 사람 모두 보물을 잃게 되는 것이니 각자의 보물을 지키느니만 못합니다."

옥의 주인은 머리를 조아리며 애원하였다.

"소인이 이 옥을 가지고 고향으로 돌아가면 틀림없이 도적에게 해를 당할 것입니다. 그러니 이 옥을 드리고 죽음을 면하려는 것입니다."

이에 자한은 그 옥을 자기 마을의 옥공에게 보내 잘 다듬게 한 다음 옥 주인에게 다시 돌려주어 좋은 값에 팔도록 하였다. 옥 주인은 돈을 벌어 집으로 돌아갔다.

옥 주인은 옥을 귀한 보물로 여겨 자한에게 그것을 바치고자 하였다. 그러나 자한은 불탐을 보물로 여긴다며 보통 사람과는 다른 가치관을 드러냈다.

사물에 대한 사람들의 가치 판단은 두 가지 기준으로 결정된다. 하나는 판단 대상이 지닌 객관적인 속성이고 다른 하나는 판단자가 느끼는 주관적인 필요성이다. 사물의 가치는 대체로 그 사물 자체의 속성을 보고 판단하는 것으로 주관자의 필요성을 어느 정도 만족시킨다. 구체적 사물의 객관적인 속성이라는 것이 대개는 상대적으로 변하지 않기 때문이다. 하지만 주관적인 필요성은 사람마다 다르게 느낀다. 따라서 같은 사물이라도 판단하는 사람에 따라 그 가치는 달라질 수밖에 없다.

옥은 감상하기에도 좋고 비싼 값에 팔 수도 있다는 속성을 가지고 있다. 보통 사람도 아름다운 것을 감상하거나 그것을 통해 경제적 이익을 얻으려고 하는 주관적 필요성을 가지고 있다. 이 두 가지 이유로 옥은 사람들 눈에 높은 가치를 가진 보물로 보인다. 그러나 한 나라를 이끄는 지도자로서 자한의 관심은 다른 쪽에 있었던 것 같다. 그러다 보니 아름다운 물건을 감상하고 그를 통해 경제적 이익을 얻는 등의 주관적 필요성이 상대적으로 약하였다. 자한에게 옥은 그다지 큰 가치를 가진 보물이 아니었다.

자한은 나라의 지도자로서 청렴하다는 명성을 지키고 싶었는지도 모른다. 그래서 불탐을 하나의 행동 지표로 삼아 자신의 주관적 필요성을 만족하려 했을지도 모른다. 그에게 최고로 값나가는 보물은 남들이 다 귀하게 여기는 옥이 아니라 불탐이었던 것이다.

물론 자한에게 옥이 전혀 값어치 없는 물건이었던 것은 결코 아니다. 다만 옥의 가치와 불탐의 가치를 비교할 수 없었다. 자한은 자신의 보물을 하찮은 것과 바꿀 생각이 없었고 옥을 바친 사람의 성의를 거절하여 자신의 불탐을 지키려 하였다. 불탐은 눈에 보이거나 만질 수 있는 물건이 아니라서 자한이 옥을 받지 않음으로써 무엇을 지켰는지 볼 수 없다. 그가 옥을 받았더라도 그 대가로 무엇을 지불하였는지도 볼 수 없다. 말 그대로 받은 것인지 안 받은 것인지 보통 사람으로는 이해할 수 없다.

사실 불탐이 대표하는 것은 공직자가 갖추어야 할 품격과 자세이다. 이 가치는 만질 수는 없지만 분명히 존재한다. 총명하고 지혜로운 자만이 이를 인식하고 파악하고 소중하게 여길 수 있다.

거절당한 옥의 주인은 옥을 바치려는 까닭이 죽음을 면하기 위해서라고 하였다. 이는 확실히 귀한 물건이 화를 불러온다는 사회적 통념을 반영한다. 그런데 옥 주인은 화를 피하기 위하여 왜 하필이면 자한에게 옥을 바치려 하였을까? 평소 자한의 인품을 존경하였기 때문은 아닐까? 그러니 자한이 이 옥을 받았더라면 자한을 향한 옥 주인의 존경심은 사라졌을 것이다. 죽음을 면키 위해서라는 옥 주인의 말은 어쩌면 예물을 드리려는 사람이 마지막으로 내놓은 부탁이었는지 모른다. 그런데 이것이 공교롭게도 자한이 상대에게 은혜를 베풀 수 있는 기막히게 좋은 기회를 주었다. 자한은 옥을 잘 가공하여 돈으로 바꾸게 해 줌으로써 부와 인정을 옥 주인에게 함께 딸려 보냈다. 참으로 지혜로운 자한이다.

예우의 정보다
가르침의 은혜를 중시한 자한

이야기가 나온 김에 《설원》도 마저 보자. 가치와 인간관계에 관한 의미심장한 일화이다. 자한은 자위라는 사람을 무척이나 아꼈다. 밥도 함께 먹고 옷도 같은 것을 입을 정도로 대우하였다. 그런데 정변이 일어난 와중에 자한이 도망가지 않으면 안 되는 일이 발생하였다. 자한은 도망쳤지만 자위는 자한을 따르지 않았다. 그 뒤 자한은 망명에서 돌아와 자리에 복귀했고 다시 자위를 불러 그 전보다 더 우대하였다. 당시 자한을 따라 망명길에 올랐던 측근은 이렇게 항의하였다.

"자위를 그렇게 잘 대우해 주셨는데 망명길에는 정작 당신을 따르지 않았습니다. 그런데 지금 돌아와 그를 또 이렇게 존중하시니 망명길에 당신을 따랐던 충신들이 창피하게 생각한다는 것을 모르십니까."

이에 자한은 측근들에게 다음과 같이 일러 주었다.

"나는 당시 자위의 말을 듣지 않아 망명길을 자초하였다. 지금 내가 귀국할 수 있었던 것도 자위가 남겨 준 덕택과 가르침 때문이다. 그래서 그를 존중하는 것이다. 내가 당시 도망칠 때 나를 따르던 신하들은 수레바퀴의 흔적을 지우고 표식을 제거하면서 나를 따랐지만 그것이 내 망명에 무슨 도움이 되었더냐?"

우리는 자위가 자한에게 무슨 이야기를 어떻게 했는지 그 내용은 모른다. 그러나 자한의 해명에서 자위가 대단한 식견을 가진 지혜로운 사람이었음을 엿볼 수 있다. 자한은 집정하는 동안 늘 자위와 함께 지내며 정치나 처세에 관하여 이런저런 이야기를 적지 않게 나누었다. 하지만 그 이야기들에 대하여 진지하게 생각하지는 않았다. 그러다 실각하고 도망쳐야 했을 때에야 비로소 자위가 이야기한 견해와 충고들이 옳았음을 깨달았던 것이다. 그래서 자한은 자위의 가르침을 실행하기 위해 노력하였고 그 결과 다시 돌아와 정치 일선에 복귀할 수 있었다. 한 번의 좌절과 재기를 통하여 자한은 자신에게 자위가 차지하는 가치와 작용을 더 분명히 알게 되었고 돌아와서도 여전히 자위를 존중하였다.

자위는 한때 자한의 1등 빈객으로 자한이 제공하는 최고의 대우를 받으며 생활하였다. 그러나 자한이 망명길에 올랐을 때 자한을 따르지 않았다. 이는 인간의 정에 어긋나는 것으로 일반인의 감정으로는 받아들이기 힘들어 보인다. 자한의 남다른 점은 감정을 배제하고 이 일을 이성적으로 판단하였다는 것이다. 그 결과 자위가 의리를 배신한 것이 아니라 자신이 자위의 가치 있는 가르침을 저버렸다는 결론을 얻기에 이르렀다.

자한은 가르침의 은혜와 가치를 예우의 정보다 더 중요하게 생각하였고, 그래서 자신과 자위의 관계에서 자신이 치른 대가보다 더 큰 가치, 즉 진정(眞情)을 얻었다고 판단하였다. 이는 보통 사람이 이해하기 어려운 대단히 현명하고 지혜로운 판단이자 행위가 아닐 수 없다.

자한의 부하와 빈객 중에는 자한을 따라 도망친 사람이 적지 않았다. 자한은 물론 이들에게도 고마움을 느꼈다. 이들은 가르침이라는 은혜를 베풀지는 못했지만 그래도 어려운 순간을 함께해 주었기 때문이다. 하지만 자한은 이들이 자신이 겪은 환란과는 크게 관계가 없다고 생각하였다. 따라서 자위와 같은 선상에 놓고 가치를 비교할 수 없다고 본 것이다.

자한은 망명길에 오르면서 비로소 자위가 평소 자신에게 한 많은 충고와 가르침이 자신에게 얼마나 필요한 가치였는지 깨달았다. 이는 권력을 쥐고 있던 사람이 그것을 잃었을 때 비로소 사물과 세태와 민심을 보다 정확하게 읽고 판단하고 느낀다는 사실을 잘 보여 준다. 역사상 고위층의 집권자 상당수가 가난하고 비천한 사람들과 우정을 나누고 은자를 기꺼이 스승으로 모셨던 것도 어쩌면 이런 가치 때문이 아닐까?

행동, 관계, 목표가 모두 선택이고 가치관이다

삼국시대 사람인 유소는 《인물지》에서 사람을 구체적으로 관찰하는 다섯 가지 방법 '오시(五視)'를 제시하면서 부귀할 때 누구와 어울리는지를 보고, 궁색할 때의 행동을 보고, 가난할 때 무엇을 취하는지 보라고 하였다. 우리 주위의 출세한 사람들을 보면 대부분 과거의 힘들고 가난했던 시절을 강조한다. 마치 그것이 오늘날 자신을 있게 한 결정적 원인이라도 되는 듯이 고생과 가난을 앞세운다. 하지만 정작 그 고생과 가난이 자신에게 무엇을 가져다주었고, 무엇을 깨닫게 하였고, 이 사회의 일원으로서 어떤 책임감을 부여하였으며, 그것을 통하여 어떻게 성숙하였는지에 대해서는 일말의 성찰이나 고민도 발견할 수 없다. 그리고 현재 어떤 자와 어울리는가를 보면 실망을 넘어서 한심하다는 생각이 들 정도로 변질되어 있음을 발견한다. 이들에게는 오로지 개인의 부귀영화와 그것을 지켜 줄 권력을 위하여 가난과 고생이 존재한 것 같다. 자한과 달리 이들은 어려운 순간에 무엇이 정말 중요한 가치인가를 전혀 성찰하지 못한다.

가치에는 세속에서 말하는 이른바 '객관적 가치'와 내가 매기는 '주관적 가치'가 있다. 이 둘은 대부분의 경우 일치하지만 때로는 심각하게 충돌한다. 그때 나는 과연 어떤 가치를 따를 것인가? 바로 이 지점에서 나의 가치도 달라진다. 선택은 언제나 그렇듯 내 몫이다. 내가 어떻게 살아왔느냐에 따라 선택은 달라질 수밖에 없다. 그리고 그 선택들이 앞으로 나의 가치를 결정한다.

흔들릴 때는
인생을 멀리 보아라

사마상여와 급암의 유혹

한 사람은 죽고 한 사람이 살아 있으면 우정의 진심을 알게 되고,
한 사람은 가난하고 한 사람이 부유하면 우정의 태도를 알게 되고,
한 사람은 출세하고 한 사람이 천해지면 우정이 드러난다고 하였다.
급암과 정당시 역시 이와 같으니, 슬프도다!

一死一生, 乃知交情, 一貧一富, 乃知交態,
一貴一賤, 交情乃見
汲鄭亦云, 悲夫

일사일생, 내지교정, 일빈일부, 내지교태,
일귀일천, 교정내현
급정역운, 비부

권120 〈급정열전〉

유혹은 욕심이 발동하면 거부할 수 없는 힘이 된다. 젊었을 때

는 누구나 유혹을 기대하고 기다린다. 적극적으로 유혹에 나서기도 한다. 최고의 러브 스토리 《로미오와 줄리엣》의 유명한 발코니 장면을 보면 로미오와 줄리엣이 한참 동안 사랑을 속삭이는데 유모가 줄리엣을 부른다. 헤어져야 할 때가 된 것이다. 이때 줄리엣이 로미오에게 이렇게 속삭인다.

"Good night, good night. Parting is such sweet sorrow, That I shall say good night till it be morrow."

줄리엣이 읊은 'sweet sorrow(달콤한 슬픔)'처럼 유혹 역시 달콤하다. 그러니 잠시 마음 편히 다음의 러브 스토리를 감상해 보자. 이 이야기는 《사기》의 130편 52만 6,500자 중에서 거의 유일한 러브 스토리이다.

거문고 연주에 마음을 담은 사마상여

사마천과 더불어 문장으로 한 시대를 풍미하였던 사마상여는 젊은 날의 아주 특별한 로맨스 경력을 가진 풍류가였다. 한번은 사천성 지역의 부호 탁씨(卓氏) 집안의 초청을 받아 잔치에 거의 반강제로 참석한 일이 있었다. 당시 사마상여는 오늘날로 말하자면 백수였다. 주위의 강권에 못 이겨 사마상여는 거문고 실력을 선보였고 이를 훔쳐보던 탁씨의 딸 문군이 그만 사마상여의 자태에 반하고 말았다. 탁문군은 시종을 넣어 만남을 청했고 사마상여도 탁문군에게 마음이 끌려 당장 그날 밤 야반도주를 하였다. 2,000여 년 전에 일어난 기가 막힌 러브스토리이다.

탁씨 집안이 발칵 뒤집혔다. 탁문군의 아버지는 다시는 딸을 보지 않겠노라 선언하였다. 살길이 막막해진 두 사람은 탁문군이 챙겨 온 패물 따위를 처분하여 우물을 파고 술집을 차렸다. 사마상여는 직접 술을 나르고 술상을 치웠다. 얼마 뒤 사마상여는 황제의 부름을 받아 장안으로 올라가 벼슬을 받았고 그사이 탁씨의 마음도 풀려 그들은 넉넉한 생활을 누릴 수 있었다.

사마상여가 거문고 연주로 문군의 마음을 도발한 이 고사를 '금심상도(琴心相挑)'라고 한다. 거문고 연주에 자신의 마음을 담아 전함으로써 상대를 유혹하겠다는 발칙한 애정의 표현이 아닐 수 없다. 동시에 낭만과 격조가 있는 애정 표현이라고도 하겠다. '이금심도지(以琴心挑之)'라고도 하고 거문고 연주로 문군의 마음을 도발했다 해서 '금도문군(琴挑文君)'이라고도 한다.

훗날 사람들은 이 고사와 성어를 가지고 남녀의 애정을 나타냈는데 대개 남자가 구애하는 전고로 활용하였다. 당나라 말기의 문인 나규는 그 당시 상여가 문군이 자신을 훔쳐보고 있다는 것을 몰랐다면 아마 거문고 연주를 하지 않았을 것이라는 그럴듯한 상상력을 발휘하기도 하였다. 또한 사천성 지역에는 당시 사마상여가 연주한 곡이 〈봉구황〉으로 전해 오는데 이 역시 '수컷 새가 암컷 새를 찾는다', 즉 짝을 찾는다는 뜻의 곡조이다.

소신을 굽히지 않는 급암의 강직함

사람은 나이가 들어도 호기심이 발동한다. 그래서 호기심에는 나이가 없다고 한다. 유혹도 마찬가지이다. 오십, 지금 나는 유혹하기를 바라는가 유혹당하기를 바라는가? 무엇을 유혹하고 싶고 무엇에 유혹당하고 싶은가? 과연 그것은 내게 가치 있는 것인가? 내가 생각해도 위험한 유혹이라면 상상으로 만족하면 안 될까. 다시 현실로 돌아가서 꼰대 같은 이야기로 마무리한다.

한나라 초기 회남왕은 조정에서 활약하고 있던 대표적인 두 인물, 급암과 공손홍을 비교하면서 이런 말을 남겼다.

"그(급암)는 바른 말 하기를 좋아하고 충절을 지켜 기꺼이 의리에 죽을 위인이니 옳지 않은 일을 가지고 그를 유혹하기는 어렵

다. 승상 공손홍을 유혹하는 일은 '쌓인 먼지를 털고 낙엽을 떨어내는(發蒙振落, 발몽진락)' 일처럼 쉽지만 말이다."

급암은 강직했지만 그 강직함 때문에 황제와 대신들에게 따돌림받아 점차 조정 대신의 반열에서 소외되었다. 급암의 강직함은 황제조차 조심하게 만들었다. 그가 나타나면 무제는 흐트러진 옷매무새를 가다듬었다고 한다. 이와는 대조적으로 약삭빠른 공손홍은 승승장구하여 대신 그룹에 진입하였다. 한 사람은 유혹에 넘어가지 않아 왕따를 당했고 한 사람은 유혹에 잘 넘어가 출세했으니 인생사 참 역설적이다. 하지만 후대의 평가를 생각하면 누가 더 잘 살았는지는 말하지 않아도 분명하다.

약삭빠른 사람은 언제나 유혹 앞에 판단이 흐려진다. 얼핏 생각하기에 약은 사람을 설득하는 일이 어려울 것 같지만 그렇지 않다. 강직한 사람은 도리에 어긋나거나 옳지 않으면 결코 타협하거나 설득당하지 않는다. 그러나 약은 사람은 작은 유혹만 들이대면 이내 자기 주관을 내팽개친다. 단기전이라면 약은 사람이 유리할지 모르나 장기전이라면 소신을 굽히지 않는 강직한 사람이 유리하다. 인생은 누가 뭐라 하여도 장기전이다. 요컨대 유혹에 잘 넘어가는 사람은 약한 사람이다. 진정 강한 사람은 부정하고 헛된 유혹에 담담하다.

욕망과 자제력을 함께 갖추어야 한다

시골 처녀와 늙은 황제의 욕심

칠십이 넘자 마음 가는 대로 따라가도 이치에 어긋나지 않게 되었다.

七十而從心所欲不踰矩

칠십이종심소욕불유구

《논어》〈위정〉

욕심과 욕망은 인간의 본능이다. 하고자 하는 마음(욕심)이 생기면 그것을 바라게 되는 마음(욕망)이 발동한다. 이 두 감정은 거의 동시에 발동하기 때문에 일란성 쌍둥이이다. 여기에 유혹이 따르면 이 두 본능은 즉시 합체한다. 욕심이 없으면 발전도 없다. 그러나 욕심이 정도를 지나치면 자신을 망치는 것은 물론 주위 사람까지 해친다. 지나친 욕심이 권력과 결합하면 그 해악은 한 나라를 거덜 낼 정도로 커진다. 자제력 없는 욕심을 '탐욕'이라 하고 늙어서 부리는 욕심을 '노욕'이라고 한다. 건강한 욕심은 자제력이 전제되어야 한다.

권력자의 노욕을 비판한 시골 처녀

다른 이야기는 잠시 뒤로 미루고 노욕에 관한 옛날이야기를 하나 들려주려고 한다. 중국에 '노욕을 조롱한 시골 처녀'라고 전해 내려오는 민간 설화이다. 옛날 시골 마을의 한 가난한 집 처녀가 천상의 선녀처럼 아름답게 자랐다. 심성도 착하고 영리하였다. 처녀의 미모와 총명함은 발 없는 말이 천 리를 가듯 급기야 황제의 귀에 들어갔다. 황제는 지체 없이 뚜쟁이 노파를 처녀의 집으로 보냈다. 노파는 원하는 것을 무엇이든 들어주겠다며 황제의 명에 따라 처녀의 마음을 잡기 위하여 애를 썼다. 처녀가 물었다.

"황제께서는 올해 나이가 몇이며 처첩은 몇 명이나 됩니까?"

"올해 일흔이시며 처첩은 헤아리기 힘들 정도로 많지."

노파는 신이라도 난 듯 의기양양 대답하였다. 노파의 얼굴을 잠시 쳐다보던 처녀는 당찬 목소리로 이렇게 말하였다.

"그렇다면 저는 20마리의 이리와 30마리의 표범, 40마리의 사자와 60마리의 노새, 70근의 면화와 80장의 나무판자를 예단으로 원합니다."

처녀의 황당한 요구에 노파는 입을 다물지 못했지만 별다른 수 없이 황제에게 돌아가 이 말을 전하였다. 황제도 의아해하며 당시 분위기를 묻는 등 뚜쟁이 노파의 입을 주시했지만 별다른 말이 있을 리 없었다. 이때 곁에 있던 한 대신이 대수롭지 않게 말하였다.

"그런 것들은 사냥꾼, 목동, 농부, 목수에게 준비시키면 그만입니다."

그런데 황제를 가까이서 모시는 시종 하나가 그 말에 살며시 입을 가리고 고개를 돌리더니 키득키득 웃었다. 황제는 시종을 불러 왜 웃었느냐고 물었다. 시종이 머뭇거리자 안달이 난 황제가 다시 시종을 다그쳤다. 시종이 차분한 목소리로 말하였다.

"제가 웃은 까닭은 저 분의 말씀이 틀려서입니다. 그 처녀가 요구한 예물에 담긴 뜻은 이렇습니다. 사람이 스무 살이 되면 마치 이리처럼 용감하고 민첩해지고, 서른이 되면 표범처럼 몸과 힘이 강해지며, 마흔이 되면 사자처럼 위풍당당해집니다. 하지만 예순까지 살면 나이 든 노새처럼 힘이 빠지고 일흔이 되면 몸이 솜처럼 물렁물렁해집니다. 그리고 여든까지 살면 다른 건 다 필요 없고 널판자만 있으면 그만이라는 겁니다. 죽으면 들어갈 관을 짤 나무가 필요하다는 말이지요. 총명한 그 처녀의 말인즉 지금 폐하께 필요한 것은 처녀가 아니라 시신이 들어갈 나무판자라는 것이지요. 그런 것도 모르고 정색을 하고 예물을 준비하려고 하시니 그래서 웃은 것입니다."

시골 처녀의 날카로운 조롱에 황제는 물론 모두들 그만 넋이 나가고 말았다. 시골 처녀는 늙은 황제가 백성을 제대로 보살피지 않으면서 노욕을 부린다고 판단하여 절묘한 요구 사항으로 황제의 욕심을 마음껏 조롱하였다. 처녀가 요구한 예물이 무엇을 의미하는지 조정의 대신 누구도 몰랐지만 천한 시종이 눈치를 챘다는 대목도 의미심장하다.

호기심과 욕심에는 나이도 없다고 한다. 인간 본연의 욕망을 적절하게 지적한 말이다. 하지만 의식 수준의 욕망과 실제 행동으로 나타나는 욕망이 일치할 수는 없다. 그랬다가는 세상이 온통 난장판이 될 것이다. 다행히 인간에게는 욕망을 통제할 수 있는 이성적인 판단이 존재한다. 원활한 신진대사야말로 사회를 건전하게 발전시키는 밑거름이 아닌가? 시골 처녀의 지혜가 참으로 날카롭게 나와 우리 사회의 아픈 곳을 찌른다.

사마천은 인간의 욕망을 있는 그대로 인정하였다. 저주받은 걸작 〈화식열전〉의 한 대목을 인용하여 우리 모두 '욕망하자'는 말로 이 글을 마친다. 오십에게는 자제력도 함께 있으니까.

> **"(저 전설시대) 신농씨 이전에 대해서는 나는 모른다. 《시경》이나 《서경》에 기술된 요·순과 하나라 이후라면 (사람들은 누구나) 눈과 귀는 가능한 한 아름다운 소리와 좋은 모습을 듣고 보려 하며, 입은 고기와 같이 맛난 것을 먹고 싶어 하고, 몸은 편하고 즐거운 것을 찾으며, 마음은 권세와 능력이 가져다준 영광을 뽐내려 한다. 이런 습속이 백성에게 젖어 든 지는 오래라 집집마다 이런저런 말로 알려 주려 하여도 끝내 교화할 수는 없다."**

꼭 필요한 그릇이 되어라

월석보의 그릇

"선생님, 저는 어떤 사람입니까?"
"너는 그릇이니라."
"어떤 그릇입니까?"
"호련(瑚璉)이니라."

《논어》〈공야장〉

해외 토크 쇼에 출연한 유명한 여성 연예인의 한마디에 선뜻 눈길이 간 적 있다. 당시 사회자가 유명 연예인 대부분이 문신을 하는데 어째서 그 흔한 문신 하나 없냐고 묻자 그 연예인은 이렇게 되받아쳤다.

"벤틀리에 스티커 붙여서 되겠어요?"

벤틀리는 세계적으로 이름난 최고의 수제 자동차이다. 명품은 그 이름 자체로 값어치를 드러내야지 이것저것 갖다 붙이면 도리어 볼품없는 불량품이 된다.

값어치를 갖추는 데 걸리는 시간

고대 동양에서는 사람을 그릇에 많이 비유하였다. 지금도 사람의 마음 씀씀이를 비유할 때 '통이 크다'거나 '그릇이 크다'는 말을 쓴다. 특히 돈을 잘 쓰는 사람에게 이런 비유를 많이 쓰는 편이다.

'그릇' 하면 생각나는 사자성어로 "대기만성(大器晩成)"이 있다. 교과서에도 나오는 유명한 고사성어이다. '큰 그릇은 늦게 이루어진다'는 뜻으로, 큰 인재가 되려면 오랜 단련이 필요하므로 성장하는 데 시간이 걸린다는 비유이다. 《노자》의 "가장 큰 네모는 구석이 없고(大方無隅, 대방무우), 아주 큰 그릇은 늦게 이루어지고(大器晩成, 대기만성), 가장 큰 소리는 들리지 않고(大聲希聲, 대성희성), 가장 큰 형상은 형태가 없다(大象無形, 대상무

형)"라는 오묘한 대목에서 나왔다.

《노자》의 "대기만성"은 '아주 큰 그릇은 만들어져 있지 않은 것 같다'라고 해석하는 경우도 많아 오늘날의 일반적인 의미와는 차이가 난다. 본래 뜻과는 다소 다르게 적용되면서 지금은 큰일을 할 인재는 비교적 늦게 성취함을 비유하는 성어로 정착하였다. 일찍 피어 일찍 시드는 꽃보다 다소 더디게 피더라도 오래오래 피어 있는 꽃이 많은 세상이 더 좋은 세상이 아닐까?

'대기만성'과 관련하여 다음 고사가 잘 알려져 있다. 동한 말기의 명사 최염은 원소와 조조의 문객으로 지냈다. 최염이 조조 밑에서 상서 벼슬을 하고 있을 때 조조가 큰아들 대신 작은아들 조식을 후계자로 삼고자 하였다. 최염은 강력하게 반대하였다. 조식은 최염의 조카사위였지만 최염은 사사로움에 치우치지 않았다. 최염에게는 최림이라는 사촌 동생이 있었다. 그는 젊었을 때 별다른 두각을 나타내지 못하여 사람들로부터 무시를 당하였다. 하지만 최염은 그를 몹시 아끼면서 "재능이 큰 사람은 시간이 걸려야 그릇이 될 수 있다. 최림은 장차 큰 그릇이 될 것이다"라고 하였다. 최림은 훗날 조정에 크게 중용되었다.

'대기만성'은 간혹 만년이 되어 성공하는 사람이나 과거에 낙방한 선비를 위로할 때 사용하기도 하였다. 비슷한 표현으로는 '큰 그릇은 어렵게 이루어진다'는 의미의 "대기난성(大器難成)", '큰 재능을 지닌 사람은 늦게 이루어진다'는 의미의 "대재만성(大才晩成)" 등이 있다.

무엇이 그릇의 크기와 깊이를 결정하는가

공자를 필두로 하는 유가에서는 사람을 크게 군자와 소인으로 나누어 각각의 특징을 비교적 상세히 지적한다. 사람의 크기를 큰 그릇과 작은 그릇에 비유하면서 그릇의 크기가 정해져 있다는 '대기소기론(大器小器論)'도 제기한 바 있다. 지금으로 보아서는 당연히 받아들일 수 없는 주장이지만 금수저니 흙수저니 하는 우리 현실을 비추어 볼 때 전혀 턱없는 이야기는 아니다.

군자는 당시 제대로 배운 지식인의 전형을 가리키는 단어였는데 나는 그중에서도 《논어》 〈위정〉의 "군자불기(君子不器)"가 마음에 와닿았다. 군자불기는 '군자는 그릇이 아니다'와 '군자는 그릇이 되어서는 안 된다'로 해석할 수 있다. 앞은 군자로 인정받는 사람을 염두에 둔 해석이고 뒤는 군자가 되려는 사람을 염두에 둔 해석으로 보면 되겠다. 그릇은 일정한 모양을 가지고 있다. 그 모양에 따라 쓸모가 정해진다. 모양이 정해지면 대개 다른 용도로 쓰기 어렵다. 틀에 박힌다는 뜻이기도 하다. 따라서 공자의 말씀인즉 틀에 박힌 사람, 특정한 곳에만 쓰이는 사람이 되지 말라는 뜻이 아닐까?

그렇다면 군자의 언행은 어때야 할까? 유가의 군자론은 《논어》를 비롯한 다른 책을 보면 될 것이고, 여기서는 《사기》에 나오는 두 대목만 소개할까 한다. 먼저 춘추시대 제나라의 재상 안영과 관련한 일화이다. 춘추시대 제나라의 명재상 안영은 어느 날 죄수로 끌려가던 현자 월석보를 구해 주었다. 그런데 월석보가 불과 반나절 만에 절교를 선언하였다. 안영이 정중하게 사죄하며 영문을 물었다. 월석보는 자신을 알아주고도 예를 갖추어 대접하지 않으니 차라리 죄수의 몸이 낫다며 이렇게 말하였다.

군자는 자기를 알아주지 않는 자에게는 자신의 뜻을 굽히지만, 자기를 알아주는 사람에게는 자기 뜻을 나타냅니다.

君子詘於不知己而信於知己者.
군자굴어부지기이신어지기자.

얼핏 듣기에는 앞뒤가 안 맞고 뒤바뀐 것 같지만 잘 음미하면 매우 의미심장하다. 자신을 알아주지 않는 자에게 자신을 굽힌다는 것은 알아주지도 않는데 자신의 뜻과 믿음을 나타낼 필요가 없다는 뜻이다. 깨달은 바가 있어 안자는 월석보를 상객으로 대우하였다.

흔히 자신을 알아주는 사람에게 몸을 굽힐 것 같고, 또 그렇게들 한다. 하지만 월석보의 말을 가만히 새겨 보라. 자신을 알아주는 사람에게 당당하게 자신의 뜻을 펼칠 수 있어야 하지 않겠는가? 알아준다는 말에는 서로 대등한 관계라는 사실이 전제로 깔려 있어야 한다. 진정한 인간관계는 무조건적인 복종을 강요하는 관계가 아니기 때문이다. 인간을 대하는 군자의 자세를 잘 보여 주는 일화라 하겠다.

다음은 앞서 언급한 바 있는 이야기이기는 하지만 다시 보자.

전국시대 조나라의 명장 악의는 연나라 소왕의 초빙으로 연나라로 건너와 제나라 정벌에 나섰다. 제나라를 거의 멸망시킬 즈음 소왕이 갑자기 세상을 떠나고 평소 악의를 탐탁지 않게 여기던 아들 혜왕이 즉위하였다. 결국 악의는 혜왕의 미움을 받고 장군 자리에서 쫓겨나서 제나라와 전투하던 와중에 조나라로 돌아갔다.

연나라는 다 이긴 전쟁에서 패했고 혜왕은 악의를 원망하며 편지를 보내 서운함을 표시하였다. 이에 악의는 "군자는 절교하더라도 (친구에 관한) 나쁜 말을 하지 않으며, 충신은 나라를 떠나더라도 자기 명성을 깨끗이 하지 않습니다"라며 답장을 보냈다.

여기서 그 유명한 “군자교절불출악성, 충신거국불결기명(君子交絶不出惡聲, 忠臣去國不潔其名)”이라는 명언이 나왔다.

여기서 “자기 명성을 깨끗이 하지 않는다”라는 말은 자기 명성을 위해 자신의 거취나 행위에 대하여 이러쿵저러쿵 변명하지 않는다는 뜻이다. 자신이 몸담았던 조직을 나오면서 온갖 저주와 악담을 퍼붓는 못된 인성을 가진 자들은 악의의 말을 곰곰이 되새겨 보기를 바란다. 악의는 자기 잘못이 아닌 왕의 그릇된 판단으로 장군직을 박탈당하였지만 아무런 변명도 하지 않았다. 악의는 진정한 군자의 처신과 그릇을 보여 주었다.

벌어들인 돈과 성공은 그릇과 일치하지 않는다. 얼마를 벌었느냐, 얼마나 성공하였느냐가 아닌 어떻게 벌었고, 어떻게 성공하였으며, 무엇을 위하여 벌고 성공하였느냐가 사람의 그릇과 성공의 크기, 나아가 깊이를 결정한다. 또 그릇의 크기만 따지는 속된 평가에 현혹되어서는 안 된다. 크기만 하고 온갖 흉한 딱지가 더덕더덕 붙어 있는 볼썽사나운 그릇이 되어서야 무엇 하겠는가?

공자는 자신의 수제자 자공을 ‘호련’에 비유하였다. 호련은 종묘 제사에 쓰이는 그릇을 말한다. 없어서는 안 될 아주 중요한 그릇이라는 뜻이다. 그릇 중에서도 반드시 필요한 곳에 쓰이는 그릇이 되어야 한다. 유가의 이상적 인간상인 군자까지는 아니더라도 자공처럼 꼭 필요한 그릇 정도는 되어야 하지 않을까?

멈추고 놓아 버리는 연습이 필요하다

장량의 여유

멈출 줄 알아야 한다.

知止

지지

《예기》〈대학〉

'여유'는 그저 남는 것을 뜻하지 않는다. 남아도는 것을 뜻하지도 않는다. 여유는 남아서 부리는 것도, 남아서 누리는 것도 아니다. 스스로 찾아서 마련해야 하는 시간과 공간이다. 여유를 마련하기 위해서는 평소에 준비가 되어 있어야 한다. 여유 있는 사람의 처신은 담담하며 때맞추어 물러날 줄 안다.

여유가 있으면 평소 헤아리지 못하였거나 신경 쓸 수 없었던 것이 눈에 들어온다. 사마천은 "가누천금, 좌불수당(家累千金, 坐不垂堂)"이라는 명언을 남겼다. '천금의 부잣집 사람들은 집 가장자리에 앉지 않는다'는 뜻이다. 속된 말로 '부자 몸 조심'과 비슷한데 잘 음미하면 다른 의미도 찾아낼 수 있다. 경제적으로 여유로우면 심리적으로도 여유가 생긴다. 그러면 평소에는 보이지 않거나 신경 쓰지 않았던 것들이 눈에 들어오고 마음이 간다. '가누천금' 정도 되면 신경조차 쓰지 않았던 지붕의 가장자리가 눈에 들어와 행여 기와라도 떨어지면 어쩌나 싶어 가장자리에 앉지 않는다는 것이다. '가누천금'의 '천'은 그저 상징적 숫자일 뿐이다. 그 안에 경제적·심리적 안정의 의미가 모두 포함되어 있다. 물질과 정신 모든 면에서 편안하면 여유가 생기기 마련이다.

자신이 찾아서 마련하는 여유와 자연스럽게 찾아드는 여유에 어떻게 대처하느냐가 관건이다. 시간과 돈과 공간이 생겼다고 낭비하는 것은 여유가 아니다. 이런 점에서 초한쟁패의 일등 공신 중 한 사람인 장량의 은퇴는 여유에 대하여 이런저런 생각을 하게 한다.

장량이
놓은 것과 얻은 것

기원전 206년, 최초의 통일 제국이었던 진나라가 망하고 항우와 유방이 패권을 다투는 초한쟁패가 본격화되었다. 햇수로 5년 동안 진행된 이 싸움의 최종 승리자는 잘 아는 바와 같이 절대 열세였던 유방이었다. 이 극적인 역전승을 이끌어 낸 주역은 유방을 비롯하여 명장 한신, 행정가 소하, 그리고 참모 장량이었다. 장량은 유방이 "천 리 밖 군막 안에서 전략과 전술을 수립하여 승부를 결정짓는 능력에서는 자신이 장량만 못하다"라고 할 정도로 뛰어난 전략가였다.

기원전 202년, 서한 왕조의 첫 황제로 즉위한 유방은 공신들에 대한 논공행상을 시행하였고 장량 역시 '유후'라는 작위와 땅을 받았다. 당시 유방은 장량의 공을 높이 평가하며 제나라 지역의 땅 3만 호를 마음대로 고르라고 했지만 장량은 너무 많다며 사양하였다.

공신이 된 장량은 되도록 국정에 간여하지 않았고 자신은 몸이 건강하지 않으니 일찍 은퇴하여 적송자와 노닐고 싶다는 말을 수시로 하고 다녔다. 적송자는 도교의 신선이다. 장량은 평소 자신이 하였던 말대로 담담하게 은퇴하였다. 그 사이 한신을 비롯한 공신들에 대한 숙청의 피바람이 불었다. 유방이 태자를 폐위하고 총애하는 애첩 척 부인이 낳은 어린 여의를 태자로 세우려 하는 등 조정의 분위기가 뒤숭숭하였다.

유방의 정비인 여 태후는 남편의 이런 어처구니없는 행동에 어쩔 줄 몰랐다. 공신들이 유방을 설득하러 나섰지만 소용이 없었다. 생각 끝에 여 태후는 은퇴한 장량을 찾아 애원하였다. 장량이 거절했지만 여 태후는 한사코 매달렸다. 장량은 조정과 민간의 모든 이가 존경하는 상산사호를 태자에게 보내 민심이 태자에게 있다는 것을 유방에게 알렸다. 상산사호가 태자를 모시는 모습을 본 유방은 태자 폐위의 마음을 접었다.

이렇듯 장량은 인생의 절정기에 공명을 포기하고 삶의 여유를 택하였다. 그는 최고 권력자 유방의 성격을 잘 알고 있었고 정권 초기 공신들의 정치적 행보에 따른 투쟁과 갈등의 본질을 통찰하고 있었다. 그는 젊은 날 집안 재산을 털어 자신의 조국 한나라를 멸망시킨 진시황을 암살하려고 할 정도로 열혈남아였다. 암살은 실패하였고 장량은 수배령으로 쫓기는 신세가 되었다. 이후 장량은 신비한 노인을 만나 말로만 듣던 신비의 병법서 '태공병법'을 전수받았고 제왕의 참모가 되기 위한 깊은 공부와 수양에 들어갔다.

장량은 초한쟁패의 소용돌이에서 유방을 선택하였다. 유방은 장량의 전략과 전술에 힘입어 전세를 역전하고 끝내 패권을 차지할 수 있었다. 흥미로운 사실은 배운 것이 거의 없고 아무에게나 욕하는 무례한 유방도 오로지 장량 앞에서는 깍듯이 예의를 갖추었다는 것이다. 유방은 장량이 올린 건의는 단 한 번도 거부하지 않고 그대로 받아들였다.

장량은 보통 사람과는 격이 달랐다. 사람과 사물을 보는 눈이 남달랐다. 무엇보다 세속의 출세와 명예에 초연하였다. 그는 인생 최고의 절정기에 자신만의 시간과 공간, 즉 여유를 찾아 은퇴하였다. 장량은 진정한 여유가 무엇인지를 잘 보여 준다. 이런 여유가 있었기에 그는 정권 초기에 흔히 나타나는 병목위기를 슬기롭게 넘기는 데 결정적인 역할을 해냈다. 장량은 훗날 도교의 신으로까지 추앙되었다. 그의 사당에 있는 암각에는 특유의 정신세계를 대변하는 '멈출 줄 알아야 한다', 즉 "지지(知止)"가 새겨져 있다.

다시 말하지만 여유는 자기만의 시간과 공간을 마련해야 생긴다. 앞에서 이미 혼자 식사하고 대중교통을 이용하여 자기만의 시간과 공간을 마련하라고 권한 바가 있다. 이것이 몸에 배면 절로 여유가 생긴다. 또한 여유는 포기하고 버릴 줄 알아야 생긴다. 그러려면 평정심이 중요하고 담백한 심리 상태를 유지하도록 나름 노력해야 한다.

이익을 추구하는 것은 본성이다

인간의 이해

무(추진력과 결단)로 성과를 내고 문(정당함)으로 그것을 지킨다.

以武一切, 用文持之

이무일체, 용문지지

권129 〈화식열전〉

'이해'란 이익과 손해를 말한다. 이 둘은 아주 단단히 얽혀 있고 또한 상대적이다. '세상에 공짜란 없다'는 말이 이를 가장 잘 나타낸다. 우리는 '이해관계'라는 말을 많이 쓴다. 누구나 이해관계에 민감할 수밖에 없다. 좀 더 심하게 말하자면 이해관계에 파묻혀 산다.

사실 우리는 체면을 중시하고 돈과 돈 이야기를 천시한 유교 사상의 영향으로 오랫동안 이해관계에 위선적이고 이중적인 자세를 취해 왔다. 한편으로는 돈을 엄청나게 갈망하면서 또 한편으로는 그것을 애써 천시하려 했던 것이다. 나 역시 어릴 때부터 돈 이야기를 하면 집안 어른들에게 혼나고는 하였다. 이런 우리의 이중적 태도 때문에 지금같이 어려운 시기가 더욱 힘들어지는 것이다. 그보다 더 심각한 문제는 이 때문에 이해관계에 대한 우리 사회의 인식과 가치관이 거의 파탄에 이르렀다는 사실이다. 길게 얘기할 것 없이 주식과 부동산 현황이 이를 극명하게 대변하고 있지 않은가.

올바른 이해(利害)관계에는 이해(理解)가 전제되어야 한다. 이해(理解)는 관계를 맺는 서로에 대한 이해일 뿐만 아니라 이해(利害)와 그 본질에 대한 이해(理解)를 뜻하기도 한다. 요컨대 인간관계를 순리대로 풀기 위해서는 이해(利害)에 대한 솔직한 자세와 진지한 접근이 필요하다는 말이다.

사마천은 《사기》를 저술하면서 인간의 이해관계를 경제와 연계하여 아주 솔직하고 대담한 경제론을 남겼다. 다음을 함께 살펴보자.

떳떳하게 인정할 때
정당해진다

사마천이 남긴 경제론 중 하나는 경제 정책과 이론을 주로 다룬 〈평준서〉이고 또 하나는 경제와 이해관계에 대하여 구체적 실례를 모은 〈화식열전〉이다. 이 두 편에는 경제와 인간의 이해관계, 부와 사회적 관계, 인간관계에서 이해가 차지하는 비중 등에 관한 사마천의 번득이는 식견과 논리가 흘러넘친다. 그중에서도 이해를 좇는 인간의 세태를 여자가 남자를 홀리는 것에 비유한 다음의 대목은 절묘하기 짝이 없다.

"조나라 미인과 정나라 미인이 예쁘게 화장을 하고 거문고를 손에 잡은 채 긴 소매를 흔들고 사뿐한 발걸음으로 다가와 '눈짓으로 도발하고 마음으로 유혹하기(目挑心招, 목도심초)' 위하여 천리를 멀다 않고 달려오며 늙고 젊음을 가리지 않는 것은 돈 많은 곳으로 달려가기 위함이다."

《사기》 권129 〈화식열전〉

사마천의 지적이 한편으로는 가슴 아프고 받아들이기 싫겠지만 이제는 솔직하게 인정하고 받아들여야 한다. 우리는 왜, 무엇 때문에 보다 나은 삶을 추구하는가? 이해(利害)관계를 추구하는 궁극적인 목적이 세상과 인간에 대한 올바른 이해(理解)에 있다는 것만 놓치지 않는다면 이해관계에 대한 우리의 이중적 태도를 솔직하게 인정하는 것은 이내 후련함으로 승화될 것이다. 떳떳하게 이해관계를 추구할 때 정당한 권리도 보장받을 수 있다.

사마천은 〈화식열전〉에 돈이 가지는 위력에 대한 정말이지 실감나는 사례와 비유를 남겼다. 그는 부, 특히 부에 대한 추구는 그것이 본성이라고 배우거나 가르치지 않아도 다 추구할 줄 안다고 하였다. 고상해 보이는 현자가 조정에서 정치와 정책을 논하는 것도, 은자랍시고 동굴에 숨는 따위로 자신의 명성을 은근히 드러내려고 하는 것도 결국은 부귀를 위한 것 아니겠냐고 비꼬았다. 그러면서 다음과 같은 다양한 예를 들었다.

"군인이 전쟁에서 맨 앞에 서서 적의 성에 오르려는 것도, 강도질도, 도굴과 위조 화폐 제작도 모두 재물 때문이다. 관리가 엄중한 형벌을 무릅쓰고 농간을 부려 문서와 도장을 조작하는 것도 다 뇌물 때문이다. 도박, 경마, 투견, 닭싸움에 열중하는 것 역시 돈 때문이다. 이는 마치 상인이 돈을 많이 벌어 놓고도 더 벌고 싶어 하는 것과 다를 바 없다."

"또 돈 많은 부잣집 귀공자들이 온몸을 치장하고 화려한 마차를

끌고 다니는 것 역시 자신의 부귀를 뽐내려는 것이다. 의사나 도사, 여러 기술로 먹고 사는 사람들이 노심초사하며 재능을 다하는 것 또한 경제적인 수입을 중시하기 때문이다."

사마천은 이렇게 다양한 직업의 사람들이 부를 추구하는 행태를 소개하면서 이렇게 결론지었다.

"이렇게 자기가 아는 것과 온 힘을 다 짜내서 일을 해내려는 것은 결국 최선을 다하여 재물을 얻기 위한 것이다."

부에 대한 추구는 인간의 본성이라 막을 수 없다는 것이 사마천의 기본 입장이다. 다만 사마천은 그 수단과 방법이 정당해야 한다는 점을 힘주어 강조한다. 이해관계의 본질을 알고 인정한다면 수단과 방법은 당연히 정당해질 수밖에 없다.

〈화식열전〉은 저주받은 명편으로 불릴 만큼 2,000년 동안 고지식한 유학자들에 의해 많은 비난에 시달렸다. 점잖은 학자가 권세와 이익을 밝혔다는 것이 주된 이유였다. 그러나 지금은 〈화식열전〉을 읽지 않고서는 《사기》를 읽었다고 하지 말라는 평가가 따른다.

잔이 넘치면 밑 빠진 독과 같다

순우곤의 손실

가득 찼는데 덜어 내지 않으면 넘치고,
정도껏 찼는데 절제하지 않으면 엎어진다.

滿而不損則溢, 盈而不持則傾

만이불손즉일, 영이불지즉경

권24 〈악서〉

'계영배'라는 이름의 술잔이 있다. 이 술잔은 고대 중국에서 과욕을 경계하기 위하여 하늘에 정성을 드리며 비밀리에 만들어졌던 의기(儀器)였다고 한다. 밑에 구멍이 뚫려 있는 이 술잔에는 물이나 술을 부어도 전혀 새지 않지만 7할 이상을 채우면 담겨 있던 것이 모두 밑구멍으로 쏟아져 버린다. '넘침을 경계하는 잔'이 라는 속뜻이 담긴 계영배는 과욕을 경계하라는 상징물이다. 전설에 따르면 공자가 제나라 환공의 사당을 찾았을 때 이 의기를 보았다고 한다. 환공은 생전에 자신의 과욕을 경계하기 위하여 이 의기를 보았고 '곁에 두고 보는 그릇'이라고 하여 '유좌지기(有坐之器)'라고 불렀다. 공자도 이를 본받아 항상 곁에 두고 스스로를 가다듬으며 과욕과 지나침을 경계하였다고 한다.

지나치면 넘친다. 평소 나누고 살면 넘치는 것들이 다른 사람에게 돌아간다. 채워야 하는 것과 비워야 하는 것을 가늠할 줄 알면 생사의 이치에 다가가게 된다. 이 또한 지천명의 과정이다.

이해와 이해관계에 대하여 앞서 이야기하였으니 여기서는 관련한 명언과 명구를 소개하는 것으로 대신할까 한다. 대부분 이해관계와 얽힌 대목이다. 차분히 읽으면서 속뜻을 음미해 보면 느끼는 바가 있을 것이다. '정도(定度)'와 '적당(適當)'이라는 두 단어를 떠올리면서 감상하면 더 좋겠다.

부족하지 않은 선에서 그쳐라

전국시대 제나라의 변사 순우곤이 당시 석 달 만에 재상이 된

추기의 식견을 떠보기 위하여 그를 찾아가 다음과 같은 수수께끼를 냈다.

"돼지기름을 가시나무에 발라 바퀴의 축에 칠하는 것은 바퀴의 회전이 원활해지게 하기 위함인데, 축이 들어갈 구멍을 각이 지게 뚫으면 바퀴가 돌아가지 않습니다."
"삼가 가르침을 받겠습니다. 측근들로 하여금 잘 받들도록 하겠습니다."
"활을 만들 때 잘 마른 나무에 아교를 칠하는 것은 몸체가 잘 결합되게 하기 위함인데, 공간이 비고 틈새가 생기면 메울 수가 없습니다."
"삼가 가르침을 받겠습니다. 스스로를 온 백성과 거리가 없도록 하겠습니다."
"늑대 가죽옷이 해어졌다고 하여 누런 개가죽으로 기우면 안 됩니다."
"삼가 가르침을 받겠습니다. 사람을 기용할 때는 군자를 선택하고 잡다한 소인배가 그 속에 끼지 못하게 하겠습니다."

순우곤은 다음으로 마지막 수수께끼에서 이런 명언을 남겼다.

“아무리 큰 수레일지라도 균형을 바로잡지 않으면 본래 실을 수 있는 능력만큼 싣지 못합니다.”

大車不較, 不能載其常任.

대거불교, 불능재기상임.

《사기》 권46 〈전경중완세가〉

이 말은 결국 정도를 지키라는 것인데 그는 그러기 위해서 균형을 잘 잡아야 한다고 지적한다. 마찬가지로 정도를 지키려는 균형 잡힌 마음이 있어야 지나친 욕심을 부리지 않게 된다. 손해와 손실은 대부분 과욕에서 비롯된다. 다음 명언도 한번 음미해 보자.

미워하는 자가 같으면 서로 돕고, 좋아하는 것이 같으면 서로 붙들며, 뜻을 같이하면 함께 이루고, 욕망이 같으면 같이 달려가며, 이익을 같이하면 생사를 같이한다.

同惡相助, 同好相留, 同情相成, 同欲相趨, 同利相死.

동오상조, 동호상류, 동정상성, 동욕상추, 동리상사.

《사기》 권106 〈오왕비열전〉

사람을 자기 쪽으로 끌어들이는 가장 강력한 유인책은 이익이다. 이 유인책을 쓰기 위해서는 먼저 이해관계를 상대에게 확실하게 밝힐 필요가 있다. 모든 인간관계는 이해관계의 범주에서 크게 벗어나지 않는다. 전통사회에서 뜻있는 사람들은 '이(利)'에다 '의(義)'를 결합시켜 '의리(義理)'가 아닌 '의리관(義利觀)'을 제기하였다. 정신적 차원의 '의(義)'와 물질적 차원의 '이(利)'가 결코 모순되거나 충돌하는 개념이 아니라는 것이다. 그래서 동양적 가치관에서 '돌보다'라는 말에는 상대의 물질적 생활을 포함하여 돌보아 준다는 뜻이 내포되어 있다. 이런 의리관을 지키려고 애쓸 때 진정한 손실을 막을 수 있다. 다음은 '손실'과 '소인'의 관계를 명쾌하게 지적한 명언이다.

무릇 소인이 욕심을 품으면 생각이 가볍고 계획이 천박하여 오로지 이익만 보지 그 피해는 돌아보지 않습니다. 같은 부류가 서로를 밀어 주니 죄다 재앙의 문으로 들어설 것입니다.

夫小人有欲, 輕慮淺謀, 徒見其利而不顧其害, 同類相推, 俱入禍門.
부소인유욕, 경려천모, 도견기리이불고기해, 동류상추, 구입화문.

《사기》 권43 〈조세가〉

손해를 보거나 손실을 입은 경험이 있다면 그 원인을 가만히 되새겨 보라. 아마 대부분이 위에서 말한 소인, 즉 사사로운 욕심을 품고 교묘한 말과 이익으로 유혹하는 자의 꾐에 넘어갔기 때문일 것이다. 물론 그보다 더 큰 원인은 자신의 과욕에 있다. 오십이면 눈에 보이는 손익과 눈에 보이지 않는 손익 정도는 가릴 줄 알아야 한다. 그러면 과욕을 부리지 않게 된다. 어느 때보다 성공과 성취, 승리와 승진에 예민한 나이가 오십이다. 때문에 정도를 넘는 욕심을 많이 부릴 수 있기에 오십은 특히 유념하여야 한다.

이해관계에서 이익과 손해는 경쟁 때문에 생기는 경우가 대부분이다. 싸워서 이겨야 한다는 경쟁의식은 우리 사회에 보편적으로 자리 잡아 어렸을 때부터 심각한 영향을 끼친다. 이 경쟁의식의 뿌리를 따져 올라가면 다윈의 진화론을 만난다. 진화론을 기초로 한 다윈의 약육강식과 적자생존의 논리는 오랫동안 서양세계의 의식 전반을 지배했고 우리에게 여전히 큰 영향을 미치고 있다. 다윈의 진화론에는 분명한 한계가 존재한다. 바로 그의 관찰과 실험의 대상이 인간이 아닌 동물이었다는 사실이다. 그러나 인간에게는 서로 힘을 합치는 합력(合力)과 서로 양보하는 상양(相讓)의 고귀한 정신이 있다. 다윈은 이 점을 무시하거나 소홀히 하였다. 중국 근대의 사상가로 '후흑학'이라는 특별한 이론을 주창한 이종오는 다윈의 이론과 주장을 비판하면서 다음과 같이 주장하였는데 충분히 경청할 만하다.

"무릇 일을 함에 있어서는 나와 남이 모두 이익이 되어야 한다. 두 쪽 모두를 충족시키지 못하면 다른 사람에게 이익이 되면서 내게 손해가 되지 않거나 내게 이익이 되면서 남에게 손해가 되지 않아야 한다."

"남에게 양보할 때는 나의 생존이 방해받지 않는 선에서 그치고, 남과 경쟁할 때는 나의 생존이 충분한 선에서 그친다."

작은 부자가 될 것인가 큰 부자가 될 것인가

한나라 부자들의 치부

부자는 반드시 남다른 방법으로 성공한다.

富者必用奇勝

부자필용기승

권129 〈화식열전〉

이익과 손실에 관한 이야기가 나왔으니 아예 돈 버는 이야기로 넘어가 본다. 지금 우리 사회에 만연한 황금만능 풍조가 온갖 문제점을 낳고 있다. 이에 대해서는 나보다 독자 여러분이 더 잘 알고 있을 터이다. 여기서는 사마천이 〈화식열전〉에 기록한 한

나라 시대 사람들의 다양한 치부법, 즉 재물을 모아 부자가 되는 방법을 간략하게 소개하고 치부와 관련하여 사마천이 던지는 메시지를 정리한다. 기록이 워낙 소략하다는 한계가 있지만 사마천의 논평을 곁들여 2,000년 전 상인들의 모습을 상상과 함께 재구성해 보자.

정당하게 치부한
한나라의 부자들

상인은 힘(단순 재력)이 아니라 머리(지혜)로 치부한다. 사마천은 전색과 전란으로 대표되는 전씨 집안을 비롯하여 위가(韋家)와 율씨(栗氏) 및 안릉(安陵)과 두(杜) 지역의 두씨(杜氏)를 관중 지역의 부상과 대상으로 거론하였다. 부상은 사업으로 돈을 많이 번 상인을 뜻하고, 대상은 사업 범위가 넓은 상인을 뜻한다. 이들은 모두 수만금을 보유한 부상이었다. 이들은 관중 지역을 대표하는 부호였지만 벼슬도 없었고 녹봉을 받는 사람도 아니었다. 또 법을 악용하거나 나쁜 짓을 해서 치부한 이들도 아니었다. 사마천이 정작 주목한 것은 이들의 치부 방법이었다. 사마천은 이렇게 말하였다.

"그들은 모두 사물의 이치를 예측하여 나아가고 물러날 것을 결정하였다. 시세와 운에 순응하여 이익을 얻었고, 상업으로 재물을 모았으며, 농업으로 재산을 지켰다. 요컨대 그들은 결단력(武, 무)으로 얻었고 정당한 방법(文, 문)으로 재산을 지켰다."

《사기》 권129 〈화식열전〉

사마천은 이들의 경영법으로 문무의 조화를 지적하였다. 비유하자면 '무'가 강력한 자본이고 '문'이 자본을 바탕으로 이윤을 창출하는 방법인 셈이다. 한나라 때는 이렇게 여러 분야에서 자기 나름대로 최선을 다해 치부하여 크게는 군 하나를 압도하는가 하면 현과 마을 전체에 맞먹는 부를 축적한 거부와 거상이 헤아릴 수 없이 많았다.

이렇게 경영 철학이 확고하면 법을 어길 필요도 없고 나쁜 짓을 할 필요도 없다. 사마천이 말하는 문무를 결합한 경영법은 오늘날 경영에 적용해도 전혀 손색이 없는 경영의 원칙이라 할 수 있다. 물론 이 같은 경영법에도 방법의 변화와 절도, 순서가 있어야 하고, 이익과 손해를 꼼꼼히 따져야 하며, 때로는 임기응변으로 급한 상황에 대처할 줄 알아야 한다는 지적도 잊지 않았다.

그냥 부자와
큰 부자의 차이

이어서 사마천은 한나라 때 상인들의 실로 다양한 직업과 치부법을 소개했는데, 부자가 되는 바른 길은 근검절약하고 부지런히 일하는 것이지만 큰 부자가 되는 데에는 반드시 나름의 독특한 방법이 있다는 지적을 잊지 않았다.

먼저 소개한 부자는 진양이다. 그는 재물을 모으는 방법으로는 남다른 방법이 아닌 농업으로 한 주에서 제일가는 부자가 되었다. 당시 가장 중요한 생업이었던 농업에 충실하여 부를 축적한 것이다. 안정적으로 사업을 꾸리는 사업가에게는 농업만 한 것이 없었다.

다음으로 사마천은 도굴로 재물을 얻어 이를 사업 발판으로 삼은 전숙과 도박으로 사업 밑천을 만들어 부자가 된 환발을 소개하면서 둘 다 나쁜 일이라고 못을 박았다. 이 중 도박은 인간의 본능과 '대박 심리'의 영역이라 인간 사회에서 영원히 사라지지 않을 사행업이다. 도굴 또한 도박과 성질이 비슷하다. 일확천금을 노리는 사행업이기 때문이다. 그래서 사마천이 두 사람을 같이 소개한 것이다. 다만 환발이 사업 밑천을 마련한 뒤 도박에서 손을 떼고 사업으로 치부 방법을 전환하여 성공한 점은 높이 평가할 만하다.

이어 사마천은 행상으로 부자가 된 옹낙성, 연지를 팔아 천금을 모은 옹백, 술장사로 천만금을 번 장씨(張氏), 칼 가는 기술로 제후들에 버금가는 생활을 영위한 질씨(郅氏), 곱창 장사로 수행원까지 거닐며 산 탁씨(濁氏), 수의사라는 직업으로 치부한 장리를 잇따라 소개하였다. 이들의 사업은 모두 남들이 천하게 여기는 분야였지만 이들은 자기만의 경영법과 근면함으로 치부하여 음악 연주를 들으면서 식사할 정도로 부를 한껏 누렸다.

이들의 치부법이 시사하는 바는 우선 천한 사업이라고 하여 꺼리지 않고 뛰어들어 성실하게 종사하는 태도라 할 것이다. 그들의 사업은 대부분의 사람들이 천시하고 종사하기를 꺼렸기 때문에 잘만 하면 사업을 독점할 수 있는 분야였다. 틈새시장이라 할 수 있었다.

연지 장사는 여성의 화장 풍조에 맞춘 사업이었는데, 화장의 마지막을 장식하는 화룡점정이 바로 연지였다. 따라서 색조가 관건이었고 옹백은 그 점을 정확하게 파악하여 여성의 심리를 공략하였던 것으로 보인다. 특히 옹백은 연지의 원료 가운데 가장 질이 좋은 기련산에서 나는 언시를 힘들게 구하여 제공하는 모험과 개척의 정신을 보여 주었다.

칼 가는 기술로 치부한 질씨도 주목할 필요가 있다. 춘추시대 이래 남성들 사이에서 몸에 검을 지니는 이른바 '패검'이 크게 유행하였고 오랜 세월을 지나면서 하나의 풍습으로 정착하였다. 따라서 검을 만드는 사업이 크게 성행하였다. 대부분의 사업가는 검과 칼을 제작하는 사업에 뛰어들었다. 정작 질씨는 검을 만드는 사업이 아닌 검을 가는 기술로 승부하였다. 남성들은 검을 직접 사용하지는 않았지만 자기 검이 얼마나 날카로운지는 서로 자랑하였기 때문에 수시로 갈아 두어야 했다. 질씨는 바로 여기에 착안하여 검을 만드는 기술 대신 검을 가는 기술을 발전시켜 사업을 대규모로 벌이고 크게 성공하였다. 틈새시장을 정확하게 공략한 경우였다.

사마천은 이렇듯 한나라 초기 거부와 대상들의 다양한 치부법과 경영법을 소개하면서 저주받은 명편, 500년 거부 거상들의 기록인 〈화식열전〉을 다음과 같이 의미심장하게 마무리하였다.

"이로써 미루어 볼 때 부자가 되는 데 정해진 직업이 있는 것도 아니고 재물에 일정한 주인이 있는 것도 아니다. 재능이 있는 자에게는 재물이 모이고, 못난 사람에게서는 기왓장 흩어지듯 흩어진다. 천금의 부자는 한 도시의 군주와 맞먹고 수만금을 모은 자는 왕처럼 즐겼다. 이것이야말로 '소봉(素封, 무관의 제왕)'이 아니겠는가?"

이상 한나라 때 부자들의 치부법이 던지는 메시지를 요약하면 이렇다.

첫째, 힘이 아니라 머리로 치부하라.

둘째, 문무를 결합하라.

셋째, 자기만의 경영법(치부법)을 만들어라.

넷째, 업종을 과감하게 전환할 줄 알아야 한다.

다섯째, 모험과 개척 정신은 필수이다.

여섯째, 틈새시장과 역발상에 늘 눈을 돌려라.

일곱째, 정당한 방법으로 돈을 벌어 누구나 '무관의 제왕'이 되어 왕처럼 살자.

빈천해져도 지조를 팔지 않는다

맹상군의 빈부

귀한 사람이 친구를 사귀는 것은 천했을 때를 잊지 않기 때문이며,
부유한 사람이 친구를 사귀는 것은 가난했을 때를 잊지 않기 때문이다.

貴而爲交者, 爲賤也, 富而爲交者, 爲貧也

귀이위교자, 위천야, 부이위교자, 위빈야

권79 〈범수채택열전〉

부유할 때와 가난할 때의 태도와 처신에 관하여 스승과 제자가 대화를 나누었다.

"가난하지만 아첨하지 않고 부유하지만 교만하지 않으면 어떻습

니까?"

"그 정도면 괜찮다. 하지만 가난하지만 즐길 줄 알고, 부유하면서 예의를 지킬 줄 아는 것이 낫겠지."

《논어》〈학이〉

이 대화 내용은 훗날 누군가와 사귀거나 누군가에게 일을 맡길 때 살펴야 할 필수 항목으로까지 발전하였다. 사람을 판단하는 기준이 된 것이다. 이에 따라 가난할 때와 부유할 때 어떤 태도를 보이는지를 살피라는 다양한 관찰법과 기준이 제시되었다. 《사기》〈맹상군열전〉의 한 대목을 먼저 보자.

천해지면 떠나가고 귀해지면 몰려오는 이유

수천 명의 식객을 거느리던 맹상군이 어느 날 제나라 왕으로부터 파면을 당하자 식객들이 모두 맹상군의 곁을 떠나갔다. 그의 곁에는 풍환만이 남았다. 맹상군이 풍환에게 떠난 식객들에 대한 원망의 말을 늘어놓았다. 당시 두 사람의 대화를 복원하였다.

"이 몸이 늘 빈객을 좋아하여 손님을 대우하는 일에 실수가 없었

으며, 때문에 식객이 3,000여 명에 이르렀던 것은 선생도 잘 아시는 바요. 그런데 내가 파면되자 빈객들은 나를 저버리고 모두 떠나 버렸고 돌보는 자 하나 없었소. 이제 선생의 힘을 빌어 지위를 회복하였는데 빈객들이 무슨 면목으로 나를 다시 볼 수 있다는 말이오? 만약 나를 다시 보려는 자가 있다면 나는 그 자의 낯짝에 침을 뱉어 욕보이고 말겠소이다."

"대체로 세상의 일과 사물에는 반드시 그렇게 되는 것과 본래부터 그런 것이 있다는 것 아십니까?"

"이 몸이 어리석어 무슨 말씀인지 잘 모르겠소."

"살아 있는 것이 언젠가 죽는다는 것은 사물의 필연적인 이치입니다. '부귀할 때는 사람이 많이 모여들고 가난하고 천해지면 벗이 줄어드는(富貴多士 貧賤寡友, 부귀다사 빈천과우)' 것은 본래부터 일이 그러하기 때문입니다. 군께서는 아침에 저자로 몰려가는 사람들을 보지 못하셨습니까? 이른 아침에는 서로 어깨를 비벼 가며 서로 저 먼저 가려고 다투어 문안으로 들어갑니다. 그런데 해가 저문 뒤에는 팔을 휘휘 저으며 저자는 돌아보지도 않고 그냥 지나갑니다. 아침에는 좋았는데 저녁에는 싫어서가 아닙니다. 기대하는 물건이 거기에 없기 때문입니다. 군께서 벼슬을 잃었기 때문에 손들이 다 떠난 것입니다. 이를 두고 선비들을 원망하여 빈객이 돌아오려는 길을 막는 것은 안 됩니다. 군께서

빈객을 전처럼 대우하기를 바랄 뿐입니다."

어려울 때는 떠나갔다가 좋아지자 다시 돌아오려는 얄팍한 인심의 빈객들을 그래도 다시 대우하라는 풍환의 마지막 말에서 문득 비애를 느낀다. 학문이 깊어질수록 도는 얕아지고 세상을 겪을수록 인심은 야박해진다는 말도 있듯이 인간의 얄팍한 의리를 날카롭게 꼬집는다. 사마천은 이를 두고 '세상사가 참으로 다 그렇다'며 한숨을 내쉬었다.

인격을 판단할 때 보아야 하는 것

당나라 때 시인 백거이는 "좋은 옥을 시험하려면 사흘 밤낮을 구워 보아야 하고, 인재를 가리려면 모름지기 7년은 기다려야 한다"라고 하였다. 사람을 제대로 알기가 힘들다는 비유이다. 그런데 지금은 7년씩이나 기다리기에는 세상이 너무 빠르게 돌아간다. 그럼에도 사람을 아는 일은 여전히 어렵고 민감한 문제가 아닐 수 없다. 예나 지금이나 잘나갈 때와 그렇지 못할 때의 처신에서 많은 사람이 이전과 다른 모습을 보인다. 이 때문에 그런 상황에서 사람을 잘 살펴야 한다고 하지 않았을까?

진시황의 생부로 알려진 여불위는 거상 출신으로 정치에서도 대박을 낸 특이한 이력을 가지고 있다. 그는 식객들을 동원하여 자신이 상인과 정치가로서 겪은 다양한 경험과 식견을 책으로 편찬하였다. 자신의 성을 딴 《여씨춘추》가 바로 그것이다. 그는 이 책에서 부귀할 때와 빈천할 때의 모습을 잘 살피라면서 이런 기준들을 제시하였다.

- 신분이 높은 사람이면 그가 무엇을 하고 어떤 사람을 추천하는가를 보라.
- 재물이 많은 사람이면 그가 무엇을 기르는지를 보라.
- 궁핍한 사람이면 출처가 분명하지 않은 재물을 받지 않는가를 보라.
- 신분이 낮은 사람이면 의롭지 않은 일을 하지 않는가를 보라.

여불위에 앞서 전국시대 초기 위나라의 정치가로서 개혁을 이끌었던 이극은 누구를 재상으로 삼아야 하느냐는 군주 문후의 물음에 그것은 결코 어려운 문제가 아니며 평소 사람을 자세히 관찰하지 않았기 때문에 어렵게 느껴지는 것이라면서 다음의 다섯 가지 기준을 제시하였다.

첫째, 평소에 어떤 사람과 친한가를 보라.
둘째, 부유할 때 어떤 사람과 오가는가를 보라.
셋째, 잘나갈 때 어떤 사람을 추천하는가를 보라.
넷째, 역경에 처하였을 때 어떤 일을 하는가를 보라.
다섯째, 빈곤할 때 무엇을 하지 않는가를 보라.

이 관찰법은 여불위의 제안과 크게 다르지 않다. 하나만 더 보자. 세계 최초의 종합적인 인물(인재) 관찰론이라고 할 수 있는 《인물지》를 남긴 유소도 '오시(五視)'라는 다섯 가지 관찰법을 제시하였다.

첫째, 평소에 심신이 안정되어 있는가를 본다.
둘째, 잘나갈 때 그 행하는 바를 본다.
셋째, 부귀할 때 누구와 어울리는지를 본다.
넷째, 궁색할 때 그 행위를 본다.
다섯째, 가난할 때 무엇을 취하는가를 본다.

핵심은 부귀하거나 빈천할 때 무엇을 하고, 무엇을 하지 않는가를 보라는 것이다. 나는 특히 '무엇을 하지 않는가를 보라'는 대목에 마음이 꽂힌다. 무엇을 하기보다 무엇을 하지 않기가 훨씬 더 어렵기 때문이다. '무엇을 하는가를 보라'는 대목도 뒤집어 보면 무엇을 하지 않는가를 보라는 것과 통한다. 한 사람의 지조는 결국 어떤 상황에서 무엇을 하지 않는가에 따라 달라진다.

빈부는 상대적이다. 하지만 가난할 때와 부유할 때 무엇을 하고 무엇을 하지 않는가는 결코 상대적이지 않다. 상황에 따라 할 수 있고 할 수 없는 것이 아니다. 해야 할 일이라고 하여도 반드시 하지 않아도 되거나 또 할 수 없는 경우가 있다. 그러나 하지 말아야 할 일은 절대 해서는 안 된다.

가난하지만 지조를 지키는 사람과 가난하다고 지조를 내다 파는 사람의 차이는 결국 인격의 차이이다. 부자도 마찬가지이다. 앞서 제자 자공이 스승에게 말한 부유하지만 교만하지 않은 부자와 부를 앞세워 거들먹거리는 부자의 차이 역시 인격의 차이이기 때문이다.

청록파 시인의 한 사람으로 평생을 올곧게 산 조지훈은 〈지조론〉에서 철나서 자신이 세운 뜻을 바꾸는 것은 모두 변절이라고 일갈하였다. "매일생한불매향(梅一生寒不賣香)"이라는 말이 있다. '매화는 평생을 추운 곳에서 살지만 향기를 팔지 않는다'는 뜻이다. 고난 속에서 살아도 그것이 옳은 길이라면 자신의 고귀한 지조를 아무에게나 팔지 않는다는 의미이다. 공자도 "날이 추워진 뒤라야 소나무와 잣나무의 푸르름을 새삼 알게 된다(歲寒

然後知松柏之後凋, 세한연후지송백지후조)"라고 하지 않았던가.

빈부 때문에 지조를 팔 수 없지 않은가?

처음의 마음을 기억하라

당 태종의 목적

사소한 데서 흠이 생기고, 재앙은 자기 몸에서 비롯된다.

疵瑕頗起, 懼禍及身

자하파기, 구화급신

권93 〈한신노관열전〉

'목적'은 눈에 보이는 과녁을 뜻한다. '목표'도 마찬가지이다. 눈에 보이는 나무 기둥 같은 것을 가리킨다. 따라서 목적을 이룬다는 말은 활이 되었든 돌멩이가 되었든 무언가로 과녁을 맞춘다는 말이다. 이때 활과 돌멩이는 수단이 되고 활을 당기는 기술은 방법이 된다. 수단과 방법이 좋아야 과녁을 제대로 맞출 수 있다.

목적을 수단과 혼동하는 일이 많다. 예컨대 돈을 수단이 아닌 목적으로 삼는 경우가 그렇다. 이 때문에 돈을 벌고 나면 사람이 달라지는 일이 많다. 목적을 이루었음에도 애당초 먹었던 마음이 변질되어 그 성취마저 퇴색되는 경우도 적지 않다. 돈처럼 하나의 수단에 지나지 않는 물질을 목적으로 삼았으니 변질은 시간문제일 수밖에 없다.

따라서 목적을 이루려면 처음 먹었던 마음, 즉 목적을 이루기 위한 수단과 방법이 정당하고 변함없어야 한다. 흔한 말로 초심이 변질되어서는 안 된다.

초심이 변질되는 데는 여러 이유가 있다. 목적이 변질되어서 그렇게 되기도 하지만 대개는 성취나 성공 이후 당초의 목적을 잊거나 잊고 싶어 해서 그렇게 되기도 한다. 이것이 더 큰 문제이다. 자기 마음이 변질되었기 때문이다. 목적은 상황에 따라, 주위 조건이나 환경의 변화에 따라 얼마든지 바꿀 수 있다. 그러나 변질시켜서는 안 된다. 목적을 잃었다는 말은 결국 마음을 잃었다는 말이다. 그럴 때는 목적을 위한 수단과 방법에 문제는 없었는지 재점검하고, 나아가 목적 자체도 재점검해야 한다. '무엇을'과 '어떻게'를 넘어 '왜'를 재점검해야 한다는 말이다.

최고의 명군이 수성을 이루지 못한 이유

마음이 변질되면 이룬 목적도 변질되고 따랐던 평가도 달라진다. 특히 역사의 평가를 염두에 두는 사람이라면 자신의 변질을 극도로 경계해야 한다. 그럼에도 일관성을 지키기란 결코 쉽지 않다. 중국 역사상 최고의 명군으로 평가받는 당 태종 이세민은 딱 50년을 살았다. 그는 위진 남북조라는 약 300년에 걸친 대분열의 시기를 거쳐 폭력적인 정권 수나라를 끌어내리고 중국을 재통일하였다. 그리고 300년에 가까운 당 왕조 정권의 기반을 단단히 다졌다. 역사에서는 당 태종의 통치기 때 연호 '정관'을 따서 '정관 시기의 훌륭한 다스림'이라는 뜻의 "정관지치(貞觀之治)"로 그의 통치를 칭송한다.

하지만 온갖 찬사를 한 몸에 받는 태종도 만년에 심각한 오점을 남겼다. 행여 누가 직언하지 않으면 어쩌나 걱정하던 그가 만년에는 바른 말 하는 사람을 미워하였다. 근검절약하던 생활도 점점 사치와 향락으로 흘러갔다. 심지어 공신을 반역으로 몰아 죽이는 사태까지 터졌다.

당 태종이 변질한 원인을 종합하여 보면 이렇다. 먼저 천하 통일이라는 엄청난 목적을 달성하였다는 데서 극단적인 자부심이 발동한 것이다. 대부분 이 지점에서 사람이 변하기 시작한다. 극단적인 자부심은 편집증으로 이어진다. 편집증의 가장 큰 특징은 모든 상황을 끊임없이 자기중심적으로 해석하는 것이다. 세상에 나만 한 성취를 이룬 사람은 어디에도 없고 앞으로도 없을 것이라는 과대망상도 자연스럽게 나타난다.

당 태종이 변질한 데는 건강 이상도 적지 않게 영향을 미쳤다. 그는 젊어서부터 여러 가지 질병을 달고 살았다. 대업을 이루는 과정에서는 그것들이 크게 문제가 되지 않았지만 몸과 마음의 긴장이 풀리면서 이 병들이 태종을 공략하기 시작하였다. 태종은 죽음에 대한 극도의 공포심을 가지게 되었고, 이것이 앞서 말한 심리적인 변화들과 결합되면서 태종의 변질이 극단적인 상황으로 치달았다.

목적을 이루고 성공하면 생활이 달라질 수밖에 없다. 성취하기 위한 과정에는 대개 무리한 활동이 따르기 마련이고 이 때문에 건강을 해치면 이전에는 드러나지 않았던 몸의 이상이 성공한 이후에 발병한다. 따라서 생활을 절제하지 않고 성공에 도취된 채 방탕하게 살면 몸과 마음에 병이 나기 마련이다. 여기에 성공에 따른 자부심이 보태지면 태종처럼 변질하는 것은 시간문제이다. 역대 최고 명군이라는 태종도 진정한 성공이라는 관문을 넘지 못하였다.

목적을 이루면 더할 나위 없다. 그러나 목적을 이루기 위하여 먹었던 마음, 정정당당한 수단과 방법을 결코 놓쳐서는 안 된다. 목적을 달성하는 과정보다 목적을 달성한 다음이 더 어렵고 중요하다. '창업보다 수성이 어렵다'는 말이 괜히 나온 것이 아니다.

5장

다시, 어떻게 살 것인가

| 삶과 죽음을 넘어서는 이야기들 |

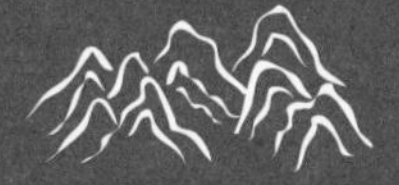

태산보다 무거운 죽음으로 기억되려면

초왕의 죽음

사람은 누구나 한 번 죽지만 어떤 죽음은 태산보다 무겁고
어떤 죽음은 새털보다 가볍습니다.
죽음을 사용하는 방향이 다르기 때문입니다.

人固有一死, 或重于泰山, 或輕于鴻毛, 用之所趨異也

인고유일사, 혹중우태산, 혹경우홍모, 용지소추이야

사마천, 〈보임안서〉

나는 우리가 삶에 들이는 정성이나 투자에 비하여 죽음에 들이는 준비가 너무 부족하다는 말을 자주 하는 편이다. '개똥밭에 굴러도 이승이 낫다'는 속담이 이를 아주 잘 반영하고 있다. 무엇보

다 죽음에 대한 두려움 때문에 죽음이라는 단어 자체를 꺼리는 사회적인 경향이 죽음에 대한 준비나 대비를 소홀히 하게 한다.

죽음을 두려워하지 않는 사람은 없을 것이다. 죽음에 대한 두려움은 다양한 형태로 나타난다. '나'라는 존재가 세상에서 완전히 사라진다는 것에 대한 막연한 두려움, 두고 가야 하는 가족과 가까운 사람들에 대한 연민, 해 놓은 것도 없이 가야 한다는 후회와 막막함, 죽는다는 사실 그 자체에 대한 근원 모를 공포 등이 모두 죽음과 관련된 두려움이다. 그래서 인생에서 가장 곤혹스러운 것으로 죽음보다 더한 것은 없다고 한다.

오십은 어느 때보다 많은 것을 성취하는 연령대이다. 자부심과 자신감이 넘친다. 그에 비례하게 죽음에 대한 두려움도 커진다. 가족을 비롯한 가까운 사람이 세상을 떠나기 시작하고 건강에 이상 신호가 오기 시작하면 두려움은 더 커진다. 자연스럽게 살아온 날들을 되돌아보게 된다. 이때 성찰의 기회를 가져야 한다. 두려움을 떨치려고 일부러 애쓰지 말고 차분하게 자기만의 시간을 가져야 한다. 자신의 시간과 공간을 만들라고 앞에서 몇 번이나 권하였던 것도 이와 같은 맥락이다. 이때 독서와 함께하면 금상첨화이다. 말랑말랑한 책도 좋지만 인간의 생사가 적나라하게 기록된 역사책을 많이 읽으라고 권하고 싶다.

피할 수 없다면 올바르게 사용하라

죽음에 대한 강렬한 공포와 생명에 대한 강렬한 추구는 인간으로 하여금 영생이라는 환상을 품게 하였다. 때문에 인류는 아주 오래전부터 영생에 관하여 이런저런 신화를 만들었고, 큰 인물일수록 권력과 돈으로 그 신화를 자신의 현실로 만들 수 있다는 망상에 빠졌다. 크게 성취한 사람일수록 삶에 집착하고 죽음에 대하여 보통 사람보다 더 큰 두려움을 느낀다. 죽음에 대한 두려움은 건강에 대한 지나친 집착으로도 나타난다. 각종 약물과 건강 보조 식품 따위를 사서 먹는다. 동서양을 막론하고 최고 권력자 상당수가 불로장생 같은 미신에 빠졌다는 역사적 사례들도 이를 잘 보여 준다. 그들은 심지어 죽지 않게 하는 불사약이 있다고 믿었다. 관련하여 전해지는 '웃픈' 이야기가 있다.

전국시대에 어떤 자가 초나라 왕에게 장생불로의 선약을 가져다 바쳤다. 그 자리에 있던 왕의 시위 하나가 단번에 그것이 가짜임을 알아차렸다. 시위는 선약을 왕에게 전해 주는 척하면서 자기가 꿀꺽 삼켜 버렸다. 순식간에 불로장생 선약을 잃은 왕은 노발대발하며 당장 시위를 죽이라고 하였다. 시위는 전혀 동요하지 않고 차분하게 다음과 같이 말하였다.

"제가 방금 삼킨 이 약이 진짜 장생불로의 선약이라면 대왕께서 저를 죽인다 하여도 저는 죽지 않을 것이고, 제가 대왕께 죽임을 당한다면 이 약이 애당초 장생불사의 선약이 아님이 입증됩니다. 그러면 저 자가 대왕을 우롱한 것이 됩니다."

생로병사에 의문을 품은 부처는 왕자의 신분으로 가출하였다. 그리고 6년의 고행 끝에 그 의문이 허망하다는 것을 깨달았다. 죽음은 분명 두렵고 불가피하다. 그래서 사마천은 죽음을 사용하라고 하였고, 죽음을 사용하는 방향이 중요하다고 하였다. 다시 한 번 사마천의 말을 인용한다.

"사람은 누구나 한 번은 죽지만 어떤 죽음은 태산보다 무겁고 어떤 죽음은 새털보다 가볍습니다. 죽음을 사용하는 방향이 다르기 때문입니다."

죽음을 올바른 방향으로 사용해야 한다. 그것이 곧 인간다운 삶이고, 이를 통하여 태산보다 무거운 죽음과 삶으로 기억될 것이다.

마음은 실체가 없다

진시황의 두려움

평원진에 이르러 진시황에게 병이 났다.
진시황은 죽음이라는 말을 싫어했기에 신하들은 감히 죽는 문제를
입 밖에 꺼내지 못하였다.

至平原津而病
始皇惡言死, 群臣莫敢言死事

지평원진이병
시황오언사, 군신막감언사사

권6 〈진시황본기〉

내가 자주 하는 말 중에 "인간의 감정 중 판단력을 가장 나약하게 만드는 것은 바로 두려움이다"라는 말이 있다. 어디선가 들었

던 말인데 공감되어 오랫동안 기억에 남았다. 인간에게 두려움은 본능이다. 인간은 나약한 존재이기 때문이다. 다른 동물과 뚜렷하게 구별되는 영민한 두뇌가 없으면 야생에서 하루도 버티기 힘들 정도이다. 따라서 인간이 느끼는 모든 두려움은 당연하다. 무엇보다 인간은 감정이 있기에 두려움을 몸과 마음으로 느낀다. 죽음에 대한 두려움은 더더욱 그렇다. 특히 인간은 아직 닥치지도 않은 것에 두려움을 가지거나 없었던 두려움조차 만들어낸다. 정말이지 형편없이 약한 존재이다.

두려움을 피하려고 하지 마라. 아니, 두려움은 피할 수 없다. 그러나 두려움을 어떻게 처리하느냐에 집중하면 두려움의 정도를 훨씬 덜 수 있다. 이 또한 인간이기에 가능하다. 앞에서 죽음을 올바른 방향으로 사용하라고 하였다. 이는 죽음을 피하거나 두려워하지 말고 올바른 방향을 위하여, 삶을 위하여 죽음을 당당하게 사용하라는 뜻이다.

사람은 누구나
한 번은 죽는다

힘과 돈, 그리고 자리를 가질수록 사람은 죽음을 두려워한다고 하였다. 앞서 소개한 당 태종이 그랬고 진시황도 그러하였다. 진시황은 39세에 천하를 통일하는 위업을 이루었다. 그가 통치한 제국의 규모는 무려 300만 제곱킬로미터로 한반도의 15배에 이른다.

진시황은 조나라에 인질로 와 있던 아버지 자초와 대상 여불위의 첩이었던 조희 사이에서 태어났다(그러나 사마천은 다른 기록을 인용하여 조희가 자초에게 올 당시 이미 임신한 상태였다고 하였다. 그렇다면 여불위가 진시황의 생부가 되는 것이다. 이 문제는 지난 2,000여 년 동안 논쟁이 끊이지 않았다). 진시황 3세에 아버지 자초는 진나라로 귀국하였다. 어린 진시황은 3세부터 9세까지 아버지의 부재를 겪었다.

9세에 여불위의 도움으로 조국인 진나라로 귀국한 진시황은 또 한 번 큰일을 겪었다. 어렵사리 만난 아버지 자초(장양왕)가 진시황 나이 13세에 세상을 떠난 것이다. 진시황은 13세의 나이로 왕이 되었고 모든 권력이 여불위에게 돌아갔다. 그로부터 10년 동안 진시황은 대부분의 시간을 혼자 보냈다. 3세부터 9세까지도 혼자였고 13세부터 22세까지도 거의 혼자였던 셈이다.

왕이 된 진시황이 22세가 되기까지 약 10년 사이에 어머니 조희(조 태후)는 여불위와 간통을 저질렀다. 조희는 애당초 여불위의 첩이었다가 자초에게 시집을 가서 왕후가 되고 급기야 궁정의 큰 어른인 태후가 되었기 때문에 여불위는 조희와의 부적절한 관계에 큰 부담을 느꼈다. 이에 여불위는 정력이 좋은 노애라는 자를 환관으로 속여 조 태후에게 들여보냈다. 태후와 노애의 궁합이 잘 맞아 둘 사이에서 아들이 둘이나 태어났다. 진시황은 이런 상황을 숨죽인 채 살피며 기회를 보았다.

진시황은 22세가 되어 성인식을 치르고 정치 전면에 나서 국정을 챙기기 시작하였다. 불안을 느낀 태후와 노애는 즉각 반란을 일으켰다. 진시황은 어렸지만 지난 10년 동안 궁정의 상황과 형세를 치밀하게 살펴 정치적 감각이 있었고 반란의 낌새를 진즉 알아채 즉각 제압하였다. 배가 다른 어린 두 동생과 노애는 가차 없이 죽였고 생모인 조 태후는 별궁으로 내쫓았다. 그리고 이 모든 사태의 원인 제공자인 생부 여불위는 그로부터 2년이 지난 시점, 그러니까 여불위의 세력이 크게 약화된 다음에 책임을 물어 남방으로 귀양을 보냈다. 여기에 더해 귀양 가는 여불위에게 그의 지난 공적과 존재 자체를 인정할 수 없다는 편지 한 통을 보내 스스로 자결하게 만들었다. 그로부터 약 15년 뒤인 기원전 221년, 39세의 진시황은 마침내 6국을 모두 없애고 천하를 통일하였다.

진시황은 적어도 22세까지 상당한 두려움 속에서 살았다. 어린 시절과 청소년 시절에 거의 혼자서 시간을 보내야 했다. 이런 삶은 자연스럽게 사람을 믿지 못하게 만들었다. 인간에 대한 두려움이 인간에 대한 불신으로 이어졌다. 그러나 진시황은 두려움과 고독의 시간을 헛되이 보내지 않았다. 많은 책을 읽었고 천하를 아우르겠다는 큰 포부를 시뮬레이션으로 끊임없이 실현하였다. 그리고 39세라는 한창나이에 마침내 이를 실현하였다. 역사상 둘도 찾아보기 힘든 대단한 성취가 아닐 수 없다.

그러나 진시황은 통일이라는 대업을 성취한 후 찾아드는 여러 심리적 압박을 제대로 이겨 내지 못하였다. 자만감은 과대망상으로 변질되었고 인간에 대한 불신은 과도한 폭력으로 나타났다. 그중에서도 책을 불사르고 유학자를 산 채로 파묻은 '분서갱유(焚書坑儒)'는 진시황 통치기에 있었던 사상과 문화의 탄압을 대변하는 상징적인 사건이다.

게다가 진시황은 마흔이 넘으면서 건강에 이상이 생겼다. 불로장생이라는 미신과 약물에 집착하였다. 자신이 없는 제국은 도저히 상상조차 할 수 없었던 그는 죽음에 대한 두려움에 몸을 떨었다. 자신의 죽음을 상정하는 후계자 선정도 하지 않았다. 죽음이라는 단어만 꺼내도 처형하였을 정도였다. 진시황은 평생을 두려움 속에서 살았다. 죽음에 대한 진시황의 태도는 두려움을 넘어 집착이었다. 정신의 이상 신호나 다름없었다.

기원전 210년, 진시황은 또 다시 제국 순시에 나섰다. 즉위 후 다섯 번째였다. 한 번 순시하는 데 대체로 1년이 걸리니 준비 기간까지 고려한다면 진시황은 거의 매년 순시에 나선 셈이다. 제국 순시에 대한 집착이었다. 진시황은 결국 이 다섯 번째 순시에 나섰다가 쓰러져 일어나지 못하였다. 그때 그의 나이가 딱 오십이었다.

최초의 통일 제국은 진시황이 죽음에 대한 두려움 때문에 미리 선정하지 못한 후계자 문제에 발목을 잡혔다. 결국 제국은 유능하고 어진 큰아들 부소가 아닌 못난 작은아들 호해와 유서를 조작하여 쿠데타를 일으킨 조고의 수중으로 떨어졌다. 그로부터 5년이 채 되지 않은 기원전 206년에 제국은 멸망하였다.

두려움은 인간의 숱한 감정 중 하나일 뿐이다. 쉽게 말하여 N분의 1에 지나지 않는다. 그러나 지나친 두려움과 집착은 다른 감정을 해치고, 나아가 몸과 마음까지 상하게 한다. 건강을 해치고 죽음을 앞당긴다. 인간은 누구나 한 번은 죽는다. 두 번도 아니고 한 번만 죽는다. 인간의 삶은 죽음만 두려운 것이 아니다.

중국 선종의 시조인 달마는 마음이 심란하다며 상담을 청하는 제자 혜가에게 심란한 마음을 고쳐 줄 테니 어디 한 번 그 마음을 내놓아 보라고 하였단다. 두려움의 실체는 없다. 내 마음의 실체가 없듯이.

어찌 말 위에서 만년을 준비할 수 있겠는가

육고의 준비

말 위에서 천하를 얻으셨지만
어찌 말 위에서 천하를 다스릴 수 있겠습니까?

居馬上得之, 寧可以馬上治之乎

거마상득지, 녕가이마상치지오

권97 〈역생육고열전〉

100세 시대가 되었다. '인생 2모작'이라는 말이 '인생 3모작'으로 바뀌었다. 얼마 전까지만 해도 직장이나 일을 그만두면 대부분 별일 없이 죽음을 기다리는 말년을 보냈다. 때문에 별도의 준비가 없었고 어떤 면에서는 크게 필요하지도 않았다. 아니 준비할 여유도 여력도 없었다고 해야 옳을 것이다. 그러니 사는 데 기울이는 힘에 비하여 죽음을 준비하는 데 기울이는 힘은 턱없이 적을 수밖에 없었다. 베이비 붐 세대가 상당한 사회 문제로 떠오르는 것도 이 때문이다.

이제는 노년을 어떻게 보낼지가 아주 중요한 문제가 되었다. 인생 3모작을 준비하고 대비해야만 한다. 오십이 그 준비의 첫 단계라 할 수 있다. 준비는 콘텐츠를 전제로 한다. 자기만의 콘텐츠가 있어야만 여유를 가질 수 있고 노후를 대비할 수 있다. 오십에 접어든 지금, 내게 콘텐츠가 있는가? 있다면 어떤 콘텐츠이며 무엇을 위한 콘텐츠인가? 없다면 준비해야 하고 준비하려면 계획을 세워야 한다.

앞에서 초한쟁패 때 유방의 참모로 활약하였던 장량에 대하여 이야기하였다. 현명한 은퇴를 위하여 장량은 끊임없이 자신이 곧 은퇴할 것이라는 자기 최면을 걸었다. 이를 주위 사람에게도 공공연하게 알려 공론화하였다. 최고 권력자 유방의 의심을 피하기 위한 처세의 방법이기도 하다. 다른 공신들은 "장량이 은퇴한대!"라며 떠들고 다녔고 장량은 미련 없이 물러났다. 정권 초기에 으레 일어나는 공신에 대한 숙청과 정쟁을 피하기 위해 그렇게 계획하고 준비하였다.

범려도 마찬가지였다. 그는 월왕 구천의 본성을 잘 알았다. 그는 어려울 때는 함께할 수 있어도 영예는 함께 누리지 못하는 사람이었다. 범려는 최고 절정기에 싹싹하게 월나라를 떠나 사업가로 변신하였다. 범려 역시 계획과 준비가 진즉 되어 있었다.

반면 친구이자 같은 공신이었던 문종은 범려의 경고에도 망설이다가 결국 구천이 내린 검으로 자결하였다. 오나라를 멸망시키기 위하여 문종이 올렸던 계책들을 다 사용하지 않고도 오나라를 없앴는데 나머지 계책은 대체 어디다 쓰려고 하느냐는 구실을 붙이며 구천이 자결을 압박한 것이다. 문종은 구천의 진면목을 알지 못하였다. 아니 알고 싶지 않았다. 그래서 준비하지 못하였다.

나를 알고 내 가족을 알고 내 주위를 알면 계획하고 준비할 수 있다. 한나라 초기의 정치가이자 외교가였던 육고는 한나라 초기 공신 중 아주 보기 드물게 만년을 유쾌하고 쿨하게 보낸 인물로 기록에 남아 있다. 육고의 이야기로 노년을 위하여 무엇을 어떻게 준비할 것인가에 대하여 나름 생각해 볼까 한다.

만년을 준비하는
육고의 두 가지 방법

육고는 대략 기원전 240년에 태어나 기원전 170년에 세상을 떠났다고 기록되어 있다. 70년을 넘게 살았으니 당시로서는 장수한 편이었다. 초나라 출신이었던 육고는 초한쟁패 때 유방을 따랐는데 말솜씨가 좋아 여기저기 사신으로 파견되어 상당한 공을 세웠다. 한나라가 건국된 뒤로는 나라의 문물과 제도를 정비하는 데 적지 않은 역할을 하였고 고조 유방이 죽은 뒤 권력을 좌지우지하던 여 태후 일족을 몰아내는 데도 역할을 해냈다.

육고는 학문도 상당하였다. 그래서인지 황제에게 올릴 말이 있으면 늘 유가의 경전인 《시경》이나 《상서》 구절을 인용하였고 황제를 머쓱하게 만들었다. 특히 많이 배우지 못해 무식한 유방은 이런 육고의 말이 잔소리로 들렸다. 그래서 하루는 육고에게 욕을 하면서 "내가 말 위에서 천하를 얻었다. 그런 것들이 무슨 쓸모가 있다는 말인가"라며 고함을 질러 댔다. '말 위에서 천하를 얻는다'는 뜻의 "마상득지(馬上得之)"라는 고사성어가 여기서 나왔다. 평소 욕 잘하는 유방의 성격을 잘 알았던 육고는 전혀 당황하지 않고 이렇게 반박하였다.

"폐하께서 말 위에서 천하를 얻으셨는지 몰라도 말 위에서 천하를 다스릴 수는 없지 않습니까? 그 옛날 은의 탕왕과 주의 무왕은 천자를 내쫓고 천하를 얻었지만 민심에 따라 나라를 지켰습니다. 이렇게 문무를 함께 사용하는 것이 국가를 영원히 보존하

는 방법입니다. 옛날 오왕 부차와 진(晉)의 지백은 무력을 지나치게 사용하다 나라를 잃었으며, 진(秦)은 가혹한 형벌만 믿고 변화하지 못하다가 역시 멸망하였습니다. 당시 진(秦)이 천하를 통일한 뒤 어진 정치를 펼치고 옛 성인을 본받았다면 지금 폐하께서 어떻게 천하를 차지할 수 있었겠습니까?"

'말 위에서 천하를 다스리다'라는 의미의 "마상치지(馬上治之)"는 이렇게 유방의 '마상득지'에 맞선 유명한 고사성어가 되었다. 고조 유방은 마음이 편치 않았지만 부끄러운 기색을 보이며 육고에게 "그렇다면 시험 삼아 진이 천하를 잃은 까닭과 내가 천하를 얻은 까닭이 무엇인지, 그리고 옛날 성공하거나 실패한 나라의 역사적 사실을 기록하여 보시오"라고 말하였다.

이에 육고는 국가 존망의 징조들에 대해 약술하여 모두 12편에 달하는 《신어》라는 책을 지었다. 매 편을 완성하여 고조 유방에게 올릴 때마다 고조는 칭찬을 아끼지 않았고 좌우에 있던 신하들이 모두 만세를 부르며 환호성을 울렸다.

유머를 겸비하라

육고는 쾌활하고 유머러스한 성격의 소유자였다. 그가 여러 나라를 돌면서 최고 통치자들을 설득하고 그들로부터 환대를 받을 수 있었던 것도 그의 성격과 무관하지 않았다. 이런 그의 성격과 기질은 만년 생활에서 더욱 잘 드러났다.

육고에게는 다섯 명의 아들이 있었다. 나이가 점점 들자 육고는 그 옛날 남월에 사신으로 갔다가 선물 받은 패물들을 팔아 천금을 장만하였다. 육고는 이 천금을 다섯 아들에게 각각 200금씩 나누어 주어 자식들의 생업을 돌보았다. 그리고 자신은 네 마리 말이 이끄는 화려한 수레에 가무단 10명을 태우고 다니면서 아들들의 집을 돌아가며 방문하였다. 오늘날로 말하자면 이동식 밴드를 꾸리고 마차로 이동하면서 자식들 집으로 순회공연을 다녔다고나 할까? 그러면서 육고는 자식들에게 이렇게 약속하였다고 한다.

"내가 너희들 집을 방문하면 내 가무단과 말에게 술과 먹이를 대접하여라. 이렇게 열흘쯤 실컷 놀고 즐기다가 다른 아들 집으로 갈 것이다. 그러다가 내가 죽을 때 마지막으로 머무르는 아들 집에다가 보검이며 수레며 말이며 시종을 다 물려줄 것이다. 1년 중 다른 곳에 머무르는 날을 제외하면 대충 두세 번 정도 너희들 집을 찾지 않을까 싶다. 자주 보면 싫증 날 테니 오래 묵어서 너희들을 귀찮게 하지 않으마."

육고가 이렇게 쿨하게 만년을 보낸 것은 그의 성격 때문만은 아니었다. 당시는 여 태후와 그 일족의 기세가 등등하여 그들과 개국 공신들 사이에 일촉즉발의 위기감이 조성되고 있던 정국이었다. 육고는 자신을 향한 여 태후의 경계심을 잘 아는 터라 이런 생활 방식으로 그 경계를 피하였던 것이다. 고도의 경각심을 유머러스한 방식으로 풀어낸 육고의 정치적 감각과 처세술이 돋보이는 대목이다.

속세에 초탈하라

유머 감각이 뛰어난 사람은 속세에 초탈하다. 나이가 들수록 권력과 재물에 대한 욕심을 자제하고 버릴 줄 안다. 육고는 노심초사하며 때를 기다리고 있던 고조의 공신 진평에게 여씨 세력을 견제할 수 있는 묘수를 일러주어 진평과 다른 공신들이 여씨 세력을 제거하는 데 큰 역할을 하였다. 이에 대한 감사로 진평은 노비, 수레, 말, 돈 500만 전을 육고에게 주었다. 육고는 이 재물들을 다른 사람과 교제하는 데에 다 썼다. 이로써 육고의 명성은 더욱 자자해졌다. 그가 살벌한 정치판에서 누구보다 즐겁게 만년을 보낼 수 있었던 것은 쿨한 성품과 더불어 재물과 권력을 탐하지 않고 여러 사람과 나눔으로써 얻은 명성이 적지 않게 작용하였기 때문일 것이다.

한때 권력과 명성을 다 누렸음에도 여전히 그것을 놓지 못하고 매달리는 우리 사회의 노추들에게 육고의 준비된 만년을 좀 배우라고 싫은 소리를 하고 싶다. 나이가 드는 것이 아니라 멋이 드는 것이라는 광고 카피도 있듯이 요즘 말로 좀 쿨하고 '엣지' 있는 준비된 늙은이들이 많아지면 얼마나 좋을까? 부질없는 바람인가?

먼저 스스로에게 떳떳하라

청백리의 존엄

존엄은 명예를 소유하는 데 있지 않고,
명예를 누릴 자격을 유지하는 데 있다.

아리스토텔레스(고대 그리스 철학자)

존엄은 타인에 대한 존중을 기본으로 한다. 특히 옳은 일, 좋은 사람에 대한 인정과 존중의 자세를 갖추어야만 자신도 존중을 받는다. 타인에 대한 존중이란 소극적인 의미로 보자면 타인에게 잘못을 하거나 피해를 주었을 때 진심으로 미안해하고 사죄하는 것이다. 적극적인 의미로 보자면 인간에 대한 보편적인 존중으로까지 확대되지만 이 부분은 거의 종교의 영역이다. 요컨대 나의 존엄을 위해서는 타인을 존중하는 마음과 자세 그리고 실천이 전제되고 담보되어야 한다. 사마천이 태산보다 무거운 삶과 죽음, 즉 존엄한 삶과 죽음을 위하여 죽음(삶)을 올바른 방향으로 사용하라고 한 것도 같은 맥락이다. 올바른 방향으로 삶을 영위하려면 타인을 위하고 존중하는 이타심이 따라야 하기 때문이다.

사마천은 백성을 위하여 헌신하였던, 즉 존엄한 삶을 살았던 공직자들의 행적을 《사기》 〈순리열전〉이라는 감동적인 기록으로 남겼다. 그중 몇 사람을 소개하는 것으로 존엄과 존엄한 삶이란 어떤 것인지 생각해 볼까 한다.

춘추시대 청백리들의 정직한 삶의 태도

백성에게 본이 된 최초의 청백리 손숙오

춘추시대 초나라의 재상 손숙오는 중국 역사상 최초의 청백리로 꼽힌다. 그는 석 달 만에 초나라의 재상이 되었는데 정치와 교화를 함께 베풀어 백성을 잘 다스렸다. 관리와 백성의 사이가 화목하였고 나라의 풍속은 매우 순박하며 좋았다. 그가 법 집행을 어떻게 하든지 간에 법을 지켰고 관리들은 속이지 않았으며 민간에는 도둑이 생기지 않았다. 백성들은 모두 편하게 생업에 종사하니 생활이 모두 편안하고 즐거웠다.

손숙오는 백성을 가능한 한 교화로 감화하였다. 때문에 가까이 있는 백성들은 이를 직접 보고 본받았고 멀리 있는 다른 나라 사람들도 이를 따라 하였다. 손숙오는 재상으로 세 번 임명되었지만 기뻐하거나 잘난 척하지 않았다. 자신의 능력을 믿었기 때문이다. 또 세 차례 파면되었지만 부끄러워하거나 후회하지 않았다. 자신이 잘못하지 않았기 때문이었다.

손숙오는 청렴하였다. 세상을 떠난 뒤 집안 식구들이 생계를 걱정할 정도로 결백하기도 하였다. 그는 초나라 백성뿐만 아니라 다른 나라 사람들까지 본받으려 할 만큼 존경을 받았다. 그의 삶이 누구보다 존엄하였던 것은 다름 아닌 자신의 삶이 담보하였다.

특권을 마다하고 백성에게 헌신한 정자산

같은 춘추시대 정나라의 정자산은 가장 귀한 집안에서 태어나 40년 넘게 정치에 종사하였고 후반 26년은 재상을 지냈다. 역사는 그가 집권하고 5년 동안 낸 성과를 이렇게 기록하고 있다.

"집정한 지 1년 만에 방탕한 소인배들이 경박한 짓을 저지르지

못하였고, 반백의 노인들은 무거운 짐을 나르지 않아도 되었으며, 아동들은 밭에 나가 일을 하지 않아도 되었다. 2년 무렵부터는 시장에서 공평하게 매매가 이루어졌고 터무니없는 가격을 매기지 못하게 되었다. 3년이 되자 사람들은 밤에 문단속을 하지 않아도 되었고 길에 떨어진 물건이 있어도 함부로 주워 가는 사람이 없었다. 4년이 되자 농민들은 밭에서 썼던 농기구를 가지고 집에 돌아가지 않아도 되었다. 5년째부터는 남자들이 병역에 복무하지 않아도 되었고, 경우에 따라 국상을 만나더라도 명령을 내리지 않아도 스스로 상례를 잘 지켰다."

《사기》 권119 〈순리열전〉

이런 정자산이 세상을 떠나자 청장년들은 실성하여 통곡하고 노인들은 어린애처럼 흐느끼면서 이렇게 탄식하였다.

"자산이 우리를 저버리고 먼저 죽었다네! 백성들은 장차 누구에게 의지하리오?"

더욱 놀라운 사실은 장례 치를 비용이 없어 그가 세상을 떠난 뒤 그의 시신을 광주리에 담아 야산에 묻었다는 사실이다. 실제로 그의 무덤이 중국 형산 정상에 남아 있다.

정자산은 쉽게 비유하자면 왕족 출신이었다. 재상을 26년이나 지낸 귀한 신분으로도 장례 치를 돈도 남기지 않았다. 그는 평생 백성을 위하여 헌신하고 봉사하였다. 이런 삶이 존엄하지 않다면 어떤 삶을 존엄하다 하겠는가?

불법과 편법을 멀리한 공의휴

춘추시대 노나라의 재상인 공의휴는 법도를 받들어 지키고 원칙에 따라 일을 처리하였다. 그는 변칙적으로 규제를 바꾸는 일이 없었기 때문에 관리들의 행동은 자연스럽게 단정해졌다. 그가 이렇게 노나라를 다스리자 나라의 녹봉을 받는 공직자들은 백성과 이익을 다투지 않았고 높은 벼슬아치들은 작은 이익도 취하지 못하였다.

공의휴와 관련하여 전해지는 몇 가지 일화가 있다. 누군가가 공의휴에게 생선을 선물하였지만 받지 않았다. 생선을 좋아하면서 왜 받지 않느냐고 묻자 공의휴는 이렇게 말하였다.

"생선을 좋아하기 때문에 받을 수 없습니다. 재상으로서 나는 생선을 얼마든지 살 수 있습니다. 그런데 생선을 받았다가 파면되면 앞으로 누가 제게 생선을 선물로 주겠습니까? 그래서 받지 않는 것입니다."

이런 일화도 있다. 하루는 공의휴가 식사 중 채소를 먹었는데 너무 맛이 좋았다. 어디 채소냐고 물었더니 자기 집 텃밭에서 난 채소라고 하였다. 공의휴는 바로 밭의 채소를 뽑게 하고 밭을 갈지 못하게 하였다. 또 자기 집에서 질 좋은 베를 짜자 서둘러 베 짜는 아낙들을 보내고 베틀을 불태웠다. 공의휴는 이렇게 말하였다.

"내 집에서 이렇게 하면 농부와 전문적으로 베를 짜는 아녀자는 어디다 채소와 베를 내다 팔아야 하는가?"

공직자로서 공의휴는 불법과 편법을 밥 먹듯 하는 지금 우리 시대 공직자들, 공사를 구별할 줄 모르는 리더들이 정말 본받아야 하는 존엄한 삶을 살지 않았는가?

자신의 목숨으로 사죄한 법관 이리

춘추시대 진나라 문공 때 법관을 지낸 이리의 삶은 더 극적이었다. 이리는 진나라 사법부를 책임진 고관이었다. 한번은 자신의 판결 때문에 무고한 사람이 죽었다. 이를 알게 된 이리는 스스로를 옥에 가둔 다음 자신에게 사형을 판결하였다. 보고를 받은 문공이 "관직에는 귀천이 있고 형벌에는 경중의 구별이 있소.

이 사건은 부하 관리에게 과실이 있지 당신의 죄가 아니잖소"라며 이리를 용서하였다. 이리는 이렇게 말하였다. 이 대목은 정말 감동적이다.

"신은 소관 부처의 장관으로서 일찍이 아랫사람에게 제 자리를 양보하지도 않았고 많은 녹봉을 받았지만 나누어 주지도 못하였습니다. 지금 잘못된 보고를 받고 무고한 인명을 죽게 하였는데 그 죄를 아랫사람에게 떠넘길 수는 없습니다."

문공이 "그대의 말대로 모든 죄가 윗사람에게 있다고 인정한다면 과인에게도 죄가 있는 것이 아닌가"라고 반문하자 이리는 이렇게 대답하였다. 이 대목 역시 울컥하게 만든다.

"법관에게는 사건을 판결하는 법도가 있습니다. 형벌을 잘못 판결하면 스스로 형벌을 받아야 하고 사형을 잘못 판결하면 자신이 죽어야 합니다. 주군께서는 신이 사소하고 은밀한 속사정까지 그 의혹을 풀어 잘 판결할 수 있다고 판단하셨기 때문에 저를 법관으로 삼으셨습니다. 그런데 지금 잘못된 보고를 받고 사람을 죽게 하였으니 당연히 사형에 해당합니다."

이리는 문공의 사면에도 아랑곳 않고 스스로 목숨을 끊어 억울하게 죽은 사람에게 사죄하였다.

공정함으로 나와 타인을 존중한 제갈량

최근 우리 사회의 화두로 떠올랐던 '공정'의 의미가 순식간에 퇴색되었다. 그뿐만 아니라 조롱의 대상이 되고 있다. 말은 쉬워도 실천이 어렵다는 뜻이기도 하고, '공정'을 그저 자신의 출세에 이용해 먹다가 그 실체가 들통났기 때문이기도 하다.

공정이라는 단어를 풀이하기가 만만치 않지만 '개인적으로 치우치지 않고 공평무사(公平無私)하며 정직하다'는 뜻으로 보면 무난할 것 같다. 이런 점에서 공정은 조직과 사회, 나아가 국가를 지탱하는 중요한 저울에 비유할 수 있겠다. 조직 생활, 특히 조직을 이끄는 리더에게 공정함은 필수이다.

공정함이 믿음을 얻으려면 전제 조건이 필요하다. 말로만 외쳐서는 소용없다는 말이다. 공정하다고 믿게 만들려면 공평해야 하고 공개가 따라야 한다. 어느 한쪽으로 치우치지 않고 누구에게나 고루 돌아가야 하되(공평), 그 과정이 떳떳하게 모든 사람에게 알려져야 한다(공개). 공정, 공평, 공개를 나는 '삼공(三公)'

이라고 부른다.

공정과 관련한 역사 인물로는 소설 《삼국지》의 실질적인 주인공 제갈량이 있다. 제갈량은 유비가 삼고초려해 가면서까지 발탁하려 한 인재였다. 심지어 유비는 제갈량과 자신의 관계를 물과 물 없이 살 수 없는 물고기의 관계에 비유하였다. 여기서 "수어지교(水魚之交)"라는 고사성어가 나왔다. 유비는 또 오나라 정벌에 실패한 뒤 백제성에서 쓰러져 죽기 전에 못난 아들 유선을 걱정하면서 아들이 도저히 인물이 아니라고 판단되면 제갈량 자신이 직접 황제 자리에 올라 촉을 통치하라고 명하였다. 유선의 별명은 '아두(阿斗)'로 무능한 사람을 뜻하였다. 이것이 유비의 진심이었겠느냐를 두고 말들이 많지만 한 가지 분명한 사실은 유비가 그만큼 제갈량을 믿었다는 것이다.

중국인들은 그들이 사랑하는 주은래 전 수상이 죽자 '국궁진력(鞠躬盡力)'이라는 네 글자로 그의 죽음을 애도하였다. 이것은 제갈량이 출정에 앞서 유선에게 바친 유명한 출사표인 〈후출사표〉에 나오는 말이다. 제갈량은 이 글에서 "신은 죽을 때까지 있는 힘을 다할 것입니다"라며 비장한 결의를 보였다. 〈전출사표〉, 〈후출사표〉라는 두 편의 출사표는 역대 문장 가운데서도 명문으로 꼽힌다. 제갈량의 인간됨을 이보다 더 잘 나타내는 글은 없다는 평이다.

제갈량은 또 북벌에 앞서 유선에게 올린 글에서 자신의 재산을 '공개'하였다. 얼마 되지 않은 재산이나마 생계를 유지하기에 부족함이 없다며 자신은 오로지 촉과 백성을 위해 있는 힘을 다할 뿐이라고 하였다. 그가 죽은 뒤 집안을 정리하려고 보니 당초 제갈량이 밝힌 재산에서 단 한 뼘의 땅과 단 한 푼의 돈도 늘지 않았다고 한다.

제갈량의 '삼공' 정신은 후대의 리더가 본받아야 할 영원한 모범으로 남았다. 이런 정신이 사회적으로나 국가적 차원으로나 존경받을 때 공직 사회는 맑아지고 착한 기업이 많이 생겨 나며 교육 현장은 건강한 기운으로 활기가 넘친다. 제갈량은 54세에 세상을 떠났다. 오십은 '공정'을 비롯한 제갈량의 '삼공' 정신을 제대로 갖출 수 있는 절호의 나이가 아닐 수 없다.

로마의 시인 키케로는 "정직이 없다면 존엄성은 어디에 있는가"라고 하였다. 존엄을 떠받치는 대들보가 타인에 대한 존중이라면, 대들보를 떠받치는 기둥은 스스로에 대한 정직과 진실함이다.

예방으로 만병을 통치하라

편작의 병

사람들은 병이 많다고 걱정하고, 의사는 치료법이 적다고 걱정한다.

人之所病, 病疾多, 而醫之所病, 病道少

인지소병, 병질다, 이의지소병, 병도소

권105 〈편작창공열전〉

몸에 이상이 생기면 그것을 '병'이라고 한다. 직장과 사회생활에 온 힘을 쏟다 보면 건강이 나빠지고 심하면 병이 생긴다. 오십이 되면 몸 이곳저곳에 이상이 생기고 건강에 부쩍 신경을 쓰게 된다. 몸을 혹사하면 더더욱 그렇다. 자연스러운 현상이다.

건강에 관한 각종 정보를 찾고 필요하면 건강 기구를 장만하거나 헬스장을 찾기도 한다. 건강 유지를 위하여 이런저런 보조 식품이나 약을 먹기도 한다. 이 역시 자연스러운 과정이다.

건강과 병의 핵심은 관리에 있다. 관리를 하려면 건강이 약해지고 병이 생기는 원인을 찾아야 한다. 병원에 가서 전문가에게 검사를 받고 조언을 듣는다. 하지만 이것으로는 부족하다. 스스로 자신의 몸과 병에 대한 올바른 인식이 있어야 이 모든 것을 받아들일 수 있기 때문이다. 그러니 옛날 사람들은 건강과 병을 어떻게 생각하였는지 한번 살펴보고 참고하기를 바란다.

침과 약을 거부하는 자는 살릴 수 없다

《격언연벽》이라는 처세 격언집에 이런 대목이 있다.

말을 절제하면 허물과 근심이 줄어든다.

움직임을 절제하면 후회가 줄어든다.

사랑을 절제하면 바라는 것이 줄어든다.

환락을 절제하면 재앙이 줄어든다.

음식을 절제하면 질병이 줄어든다.

고대에는 병을 손해나 손실과 같은 뜻으로 쓰기도 하였다. 요 임금이 순에게 임금 자리를 선양하면서 남긴 아래 명언이 대표적인 사례다.

終不以天下之病而利一人.

종불이천하지병이이일인.

이 대목을 직역하면 "천하의 병으로 한 사람을 이롭게 할 수 없다, 결코"라는 말이 된다. 이때 '천하의 병'이란 천하의 손해를 가리킨다. 이 부분은 다음에 오는 "한 사람을 이롭게 할 수 없다"와 대구를 이룬다. 따라서 "천하가 손해를 보면서 한 사람을 이롭게 할 수는 결코 없다"라고 풀이할 수 있다. 병이 나면 자신의 손해일 뿐만 아니라 가족과 주위 사람에게도 손해이며 나아가 사회적으로도 손실이다. 건강해야 한다.

현대 사회에서는 육신의 병도 문제지만 마음의 병이 더 심각해지고 있다. 마음에 병이 생기면 고치기가 대단히 힘들 뿐만 아니라 고칠 수 없는 불치병으로 깊어지기 쉽다. 《염철론》이라는 책에는 죽은 사람도 살린다는 약 2,500년의 명의 편작도 "침과 약을 거부하는 환자는 살릴 수 없다"라며 지적하였고, 《사기》 〈편작창공열전〉에서 편작의 행적을 기록한 사마천은 더 나아가 사람의 여섯 가지 불치병을 언급하였다. 모두가 귀담아 들어야 한다는 말과 함께 그 대목을 소개한다.

첫째는 교만하여 도리를 무시하는 불치병이다.
둘째는 몸은 생각 않고 재물만 중요하게 여기는 불치병이다.
셋째는 먹고 입는 것을 적절하게 조절하지 못하는 불치병이다.
넷째는 음양이 오장과 함께 뒤섞여 기를 안정시키지 못하는 불치병이다.
다섯째는 몸이 극도로 쇠약해져 어떤 약도 받아들이지 못하는 불치병이다.
여섯째는 무당의 말을 믿고 의원을 믿지 않는 불치병이다.

그러면서 사마천은 "이들 중 하나라도 있으면 병은 좀처럼 낫기 어렵다"라고 덧붙였다. 내게 해당하는 항목이 없는지 살펴보자.

편작은 삼형제가 모두 의사였다. 명성으로 말하자면 편작이 단연 앞섰다. 그러나 편작은 큰 형님의 의술이 가장 뛰어나다고 하였다. 큰 형님은 병이 생기기 전에 예방하는 의사이기 때문이라고 하였다. 병은 누가 뭐라 하여도 예방이 중요하고 편작은 이를 완전히 인정하였다. 다시 한 번 진심으로 말씀드린다. 정말 건강하시라!

몸과 마음의 평정을 유지하라

사마담의 정신

인간의 정신이란 너무 많이 사용하면 말라 버리고,
육체 또한 지나치게 혹사하면 지쳐서 병이 나는 법이다.

夫神大用則竭, 形大勞則敝

부신대용즉갈, 형태로즉폐

권130 〈태사공자서〉

정신은 육신의 기운이다. 몸과 마음을 정상적으로 움직이는 엔진과 같다. 죽는 날까지 명료한 정신으로 살려면 육신의 건강을 우선적으로 돌보아야 한다. '건강한 몸에 건전한 정신이 깃든다'는 말이 이것을 의미한다. 마찬가지로 정신, 즉 마음이 차분해야 몸의 건강도 유지할 수 있다. 심란한 마음이 몸까지 해친다.

마음이 편해야 몸이 편하고
몸이 편해야 마음이 편하다

전국시대 제나라의 외교가로서 유머가 풍부하였던 순우곤은 술을 절제할 줄 모르는 위왕에게 다음과 같은 기가 막힌 명언으로 충고한 바 있다.

술이 극에 이르면 난리가 나고 쾌락이 극에 이르면 슬퍼집니다.

酒極生亂, 樂極生悲.

주극생란, 낙극생비.

《사기》 권126 〈골계열전〉

인간은 정신(마음)의 쾌락을 위하여 술을 마신다. 그런데 그것이 지나치면 혼란스러워지고 심하면 마음이 망가질 정도로 슬퍼지고 결국은 몸까지 상한다는 말이다. 그래서 옛 사람들은 "모든 병은 기(氣)에서 생긴다"라고 하였다. 여기서 말하는 '기'란 몸 안의 정기를 말한다. 이것이 조화를 이루지 못하면 몸에 이상이 생겨 병이 된다는 것이다. 이 '기'를 흔히 하는 말에 대입하자면 '스트레스'가 될 것 같다. 스트레스의 사전적 정의는 '인간이 심리적 또는 신체적으로 감당하기 어려운 상황에 놓였을 때 느끼는 불안과 위협의 감정'이다. 요컨대 마음의 불안이라는 것이다.

한의학에서는 정신과 육신을 연계시켜 병의 증상과 몸의 이상을 진단한다. 현대인이 귀담아 들어야 할 진단과 처방이 많은데 그중에서도 중국의 가장 오랜 의학서라고 하는 《소문》의 다음 대목은 꼭 들려주고 싶다. 여기서 말하는 인간의 감정은 모두 정신의 한 부분인데 이것들이 지나칠 경우에 대한 경고로 이해하면 될 것이다.

"분노는 간을 상하게 하고, 기쁨은 심장을 상하게 하며, 생각은 비장을 상하게 하고, 근심 걱정은 폐를 상하게 하며, 두려움은 콩팥을 상하게 한다."

그래서 진시황의 생부 여불위는 자신의 식객을 동원하여 편찬한 《여씨춘추》에서 "정신이 몸과 편안히 조화를 이루면 장수할 수 있다"라고 하였다. 안으로 정신이 편안하면 쉽사리 병이 생기지 않는다는 것이다. 한나라 시대의 학자 환담은 인간의 정신과 육신의 관계를 초와 촛불에 비유하였다.

정신이라는 주제는 어렵다. 그 실체를 눈으로 확인할 수 없기 때문이다. 하지만 우리는 '정신'이라는 단어를 입에 달고 산다. '마음'이라는 단어 또한 마찬가지이다. 그러나 엄밀히 말하자면 정신이 곧 마음이라 할 수는 없다. 우리가 마음이라는 단어를 가장 많이 쓰고 뜻이 가장 비슷하기 때문에 그 둘을 같은 뜻으로 쓰고 있을 따름이다. 또 정신과 육신의 관계에 대해서도 막막하기는 마찬가지이다. 깊은 관계가 있다고 믿고 있을 뿐이다. 이런 점에서 사마천이 자서전에 인용한 아버지 사마담의 문장은 정신과 육신의 관계를 쉽게 이해하는 데 도움이 될 것이다. 여기에 나오는 '정신'이라는 단어를 '마음'으로 바꾸어 읽어도 무방하다.

"인간의 삶은 정신에 의탁하며 정신은 육신에 의탁한다. 정신을 지나치게 사용하면 고갈되고 육신을 너무 혹사하면 병이 난다. 정신과 육신이 일단 분리되면 사람은 죽는다. 죽은 사람은 다시 살아날 수 없고 정신과 육신이 분리된 사람 역시 이를 다시 합칠 수 없다. 때문에 성인은 정신과 육신을 모두 중시한다. 이렇게 보면 정신은 생명의 근본이요, 육신은 생명의 기초이다. 정신과 육신을 편안하게 만들어 놓지 않고 '내가 천하를 다스릴 수 있다' 하니 대체 무엇을 믿고 큰소리를 치는 것인가?"

《사기》 권130 〈태사공자서〉

마지막 대목은 정신과 육신, 마음과 몸이 편안해야만 무슨 일이든 할 수 있다는 말이다. 몸과 마음의 평정을 찾는 일이 결코 쉽지 않겠지만 노력해야 한다. 노력하지 않으면 안 된다. 성공적인 인생 3모작의 준비가 바로 여기에서 출발하기 때문이다.

얼마 전 광주 장애인 문화 예술 행사에서 짧은 특강을 할 기회가 있었다. 중증 장애인을 돌보는 자원 봉사자들을 대상으로 특강을 하면서 비로소 사마천도 장애인이었고 《사기》에 장애를 가진 인물이 여럿 등장한다는 사실을 새삼 확인할 수 있었다. 강의 후 휠체어 없이는 다닐 수 없는 중증 장애인이자 한 미술 학원 선생님께서 이런 말씀을 들려주었다.

"호기심이 많았던 저는 열 살이 되어서야 오빠들의 도움으로 학교를 다녔고, 그 후 대학교를 졸업한 뒤 이런저런 자격증을 무려 50개 가까이 땄어요. 그런데 따고 싶어도 따지 못한 자격들도 많았어요. 왜 그런 줄 아세요? 바로 '한 뼘 밖에 안 되는 문턱' 때문이었어요. 휠체어로 넘을 수 없는 정말 높은 벽이었어요."

'한 뼘의 문턱'이라는 말이 너무 마음을 때렸다. 인간의 육신은 결코 정신을 굴복시킬 수 없다.

행동을 보면
사람을 안다

위왕의 통찰

일의 이치를 알기가 어려운 것이 아니라,
그것을 어떻게 처리하느냐가 어렵다.

非知之難也, 處之則難矣

비지지난야, 처지즉난의

권63 〈노자한비열전〉

SNS에서 80대로 보이는 한 노인이 이런 말을 하였다. 일부 표현을 살짝 바꾸었다. 물론 본래 의도에 어긋나지는 않는다.

60대는 배운 자나 안 배운 자나 똑같고,

70대는 아내가 있는 자나 없는 자나 똑같고,
80대는 돈 있는 자나 없는 자나 똑같고,
90대는 무덤에 있는 자나 집에 있는 자나 똑같고,
100살은 무덤에 있는 자가 집에 있는 자보다 낫다.

완전히 맞는 말 같지는 않지만 그렇다고 딱히 반박할 말도 없다. 이 또한 인생에 대한 통찰이라면 통찰이다.

통찰은 넓이가 아니라 깊이이다. 깊은 사유에서 통찰이 나온다. 통찰은 사소해 보이는 것도 놓치지 않고 그것으로부터 핵심과 본질을 읽어 내는 힘이다. 이 점에서 통찰은 외면당하거나 심지어 비웃음을 사기도 한다. 보통의 눈이나 평범한 식견으로는 통찰력을 가질 수 없기 때문이다. 통찰은 콜럼버스가 밑을 깨뜨려서 세운 달걀이나 뉴턴이 떨어지는 사과를 보고 발견한 만유인력과 비슷하다. 보거나 알고 나면 '에이, 누가 그걸 몰라' 하지만 아무나 발견하거나 인식할 수는 없다.

이야기 하나로 신하의 인간됨을 파악하다

역사 사례 하나를 통하여 통찰의 의미를 생각해 보자. 전국시대 산동반도 바닷가에 위치한 제나라의 위왕 밑에 장자라는 장군이 있었다. 《전국책》에 보면 서방의 강대국 진(秦)이 제나라를 공격하자 위왕이 장자로 하여금 군대를 거느리고 이를 막게 한 기록이 있다. 이 이야기는 진나라와 제나라의 전투로부터 시작된다.

장자는 전선에서 진나라 군대와 휴전을 논의하느라 사신들을 주고받았는데, 일부 제나라 병사들에게 휘장 따위를 바꾸고 진나라의 군대로 섞여 들어가 첩자 노릇을 하게 하였다. 그러자 관리 하나가 위왕에게 "장자가 병사들을 진나라 군대로 도망치게 하였습니다"라고 보고하였다. 위왕은 아무런 반응을 보이지 않았다. 얼마 뒤 또 다른 관리가 "장자가 병사들을 데리고 진나라에 항복하였습니다"라고 하였다. 위왕은 역시 아무런 반응을 보이지 않았다. 이렇게 하기를 몇 차례, 급기야 이 일을 책임진 대신이 나서서 "모두들 장자가 이미 나라를 배반하고 진나라에 항복하였다고 하는데 왕께서는 어찌 하여 대장군을 보내 장자를 공격하지 않으시는 겁니까?"라고 항의하였다. 이에 위왕은 "장자가 배반하지 않은 것이 확실한데 무엇하러 군대를 보내 공격한다는 말인가"라며 일축하였다. 그로부터 얼마 뒤 장자가 크게 승리하였다는 승전보가 전달되었다.

이런 일이 있은 후 위왕의 측근들은 장자가 배신하지 않으리라는 것을 어떻게 알았느냐고 위왕에게 물었다. 위왕의 대답은 이랬다.

"과거 장자의 어미가 장자의 아비에게 죄를 지었다. 장자의 아비는 장자의 어미를 죽인 다음 마구간 시렁 밑에다 묻었다. 내가 장자를 장군으로 임명하면서 '네가 이번 전쟁에서 승리한다면 내가 네 어머니를 편안하게 다시 묻어 주마'라고 격려한 적이 있었다. 그 당시 장자는 내게 '어머니를 다시 안장하는 일은 제가 못할 일도 아니지만 어머니가 아버지에게 죄를 지었고 아버지가 돌아가시면서 개장하라고 하지 않았습니다. 아버지의 분부도 없는 상황에서 어머니를 다시 안장하는 것은 돌아가신 아버지를 기만하는 것이라 감히 그렇게 하지 않는 것입니다'라고 하였다. 아들로서 장자는 죽은 아비조차 배반하지 않았거늘 신하 된 몸으로 살아 있는 군주를 배반할 수 있겠는가?"

장자는 진나라와의 전쟁에서 화의를 구실로 제나라 병사를 진나라 군대에 투입할 기회를 만들었다. 그리고는 적을 속이는 전략으로 대승을 거두었다. 그러나 장자가 화의를 틈타 병사들을 진나라 군대로 잠입시킬 무렵 관리들은 위왕에게 장자가 반역 행위를 하고 있다며 연일 성토하였다. 장자의 계획은 군사 기밀이었으므로 많은 사람이 알아서는 절대 안 되는 일이었고 그것은 왕도 마찬가지였다. 왕도 관리도 정확한 진상을 몰랐다. 관리들은 나라의 이익이라는 관점에서 위왕에게 상황을 보고했을 뿐이고 이는 당연히 이해할 수 있는 행동이었다.

'세 사람이면 없는 호랑이도 만든다(三人成虎, 삼인성호)'는 말이 있다. 효자로 이름난 증삼의 어머니가 아들이 사람을 죽였다는 말에 꿈쩍도 않다가 세 사람이 연거푸 같은 말을 하자 짜던 베틀을 버리고 도망쳤다는 '증삼살인(曾參殺人)' 이야기도 전한다. 이는 소문의 위력을 잘 보여 주는 사례이기도 하지만 말이 갖는 사회적 현상을 지적한 것이기도 하다. 원래 별것 아닌 것도 많은 사람의 입을 거치면 진짜로 둔갑하여 믿지 않을 수 없게 된다는 뜻이다. 그러나 위왕은 신하들의 성토와 소문에 흔들리지 않았다. 관리들 대부분이 장자의 배신을 보고하였지만 위왕은 시종 장자가 자신을 배반하지 않을 것이라고 확신하였다. 이러한 확신은 전선의 상황을 파악하였기 때문이 아니다. 장자를 오랫동안 살핀 결과도 아니다. 위왕은 그저 장자가 들려준 하나의 이야기로 장자의 효성과 성실함을 추론하고 이를 근거로 분석하고 판단하였을 뿐이다. 즉 위왕의 통찰력이 남달랐던 것이다.

인격은 드러나기 마련이다

전통 사회의 모든 제도는 충과 효가 일체된 윤리관에서 파생된다. 이런 윤리관은 한 시대의 기본적인 의식이 되어 사람들의 정신세계로 융합되고 나아가 인간과 사물에 대한 이해와 판단에 간여한다. 그런 사회에서는 일반적으로 집안에서 부모를 잘 모시고 형제와 잘 지내는 사람이라면 틀림없이 나라와 군주에 충성할 것이라고 생각한다. 춘추시대 공자의 제자인 유자가 "그 사람이 부모에게 효성스럽고 형제와 화목한데 윗사람에게 못되게 구는 경우는 드물다. 윗사람에게 못되게 굴지 않으면서 난을 일으키기를 좋아하는 사람은 없다"라고 한 것이 바로 이 말이다. 유자는 효성스럽고 화목을 추구하는 사람이 윗사람을 범하거나 난을 일으키는 경우는 아주 드물다는 점을 명확하게 지적하였다.

무엇이 효인가에 대해서는 유가의 창시자 공자가 여러 가지로 개괄한 바 있다. 그중에서도 "3년 동안 부모의 도를 바꾸지 않으면 효라 할 수 있다"라고 한 대목이 눈길을 끈다. 공자는 또한 심지어 '효란 어기지 않는 것'이라고도 하였다. 장자의 부모는 한때 서로 깊은 원한의 감정을 갖고 있었던 것 같다. 부모가 세상을 떠나고 자신이 한 가정을 따로 꾸리게 되었는데도 장자는 마구

간 시렁 아래에 묻혀 있는 어머니의 굴욕을 바꾸지 않았다. 아버지가 죽으면서 어떤 분부도 내리지 않았기 때문이다.

그렇다고 장자가 어머니를 사랑하지 않은 것은 결코 아니었다. 어머니를 개장할 만한 물질적 조건을 못 갖춘 것은 더욱더 아니었다. 그는 어디까지나 아들로서의 윤리 규범을 더 중시하였을 뿐이다. 그래서 아버지의 분부가 없는 일은 하지 않았다. 위왕은 바로 장자의 이런 성품에 근거하여 장자가 스스로 윤리 규범을 추종하면서 엄격하게 그것을 지키려 하는 사람이기 때문에 아버지의 뜻을 어기지 않는 효자라고 판단하였다. 그리고 그런 사람이라면 군주를 결코 배반하지 않는 충신일 것이라고 확신한 것이다.

한 개인이 갖추고 있는 특정한 인격상의 덕성은 늘 그 사람의 모든 행위에 투사될 수밖에 없다. 이는 마치 달이 모든 호수에 비치는 것과 마찬가지로 모든 행위에 투영되어 나타난다. 즉, 인간의 행위 하나하나가 그 사람이 본질적으로 가지고 있는 인격상 덕성과 명실상부 하나가 되어 나타난다. 이를 굳이 용어로 나타내자면 '인격 조화의 내재적 요구'라고 할 수 있겠다.

이에 따라 어떤 사람을 살필 때 중요한 사건이나 행위를 통해 표출되는 그 사람의 인격상 덕성을 제대로 파악하면 그 밖의 다른 일에서 그 사람이 어떤 행동을 보일지 기본적으로 파악할 수 있다. 마찬가지로 위왕은 장자가 아버지의 뜻을 어기지 않은 것으로부터 장자의 성실함과 충성스러운 품격을 보았고, 나아가 성실한 사람이 장군의 위치에서 마땅히 가져야 할 입장과 태도를 분석하여 그가 군주를 절대 배신하지 않을 것이라는 확신에 찬 결론에 도달하였다. 그렇기에 위왕은 신하들의 성토에도 불구하고 끝까지 장자를 신뢰할 수 있었다. 결과가 위왕의 결론이 정확하였음을 입증하였고, 장자에 대한 위왕의 고찰 방법이 믿을 만한 것임도 증명하였다.

충효가 일체였던 봉건 시대의 윤리 의식은 저 멀리 멀어져 이제 더 이상 우리 사회에 존재하지 않거나 위력을 발휘하지 못한다. 그렇다 하더라도 인간의 행위와 인격상 덕성은 하나가 되어 조화를 이루기 마련이라는 법칙을 전제로 삼았던 위왕의 사람 보는 방법과 그로부터 나온 통찰은 여전히 유효하다.

제 위왕의 통찰은 기존의 전통적 관념에서 비롯되는 윤리 도덕에 바탕을 두고 있고, 이는 지금이라 하여서 크게 다르지 않다. 그 시대를 관통하고 있는 보편적 키워드에 주목하라.

언행으로 명성을 만들고 명성에 언행을 맞추어라

위충현의 평가

덕이 선하고 밝으면 아무리 작아도 무게가 나가지만,
간사하고 어리석고 어지러우면 아무리 커도 무게가 나가지 않습니다.

德之休明, 雖小必重, 其姦回昏亂, 雖大必輕

덕지휴명, 수소필중, 기간회혼란, 수대필경

권40 〈초세가〉

'평가'는 값을 매긴다는 뜻이다. 값은 대개 돈으로 계산하지만 돈으로는 계산되지 않는 무형의 가치도 있다. 평가는 이러한 것에도 가치를 매길 수 있다. 어떤 사람으로 남고 싶은가? 이 말은 어떤 사람으로 평가되고 싶은가와 같은 뜻이다.

고대에서는 한 인간에 대한 평가가 관 뚜껑을 덮고 난 다음에 이루어진다고 하였다. 지금은 매 순간 평가가 이루어지며 그것들이 특정한 시점에 그 사람에 대한 일차적 평가가 된다. 죽은 다음의 평가는 이런 작은 평가들이 쌓이고 쌓여 이루어진다.

평가는 생전의 명성과 상당히 긴밀한 관계를 가진다. 생전에 큰 명성을 가졌던 사람이 죽으면 그의 평가는 당연히 칭찬이 주를 이룰 것이다. 일반인들은 이 평가 결과가 정당한지 굳이 따져 보려고 하지 않는다. 그래서 죽은 뒤의 명성은 생전의 명성만큼, 또는 그 명성보다 더 높아진다. 그렇다고 한 사람의 평가를 깊게 따져 보라는 말은 아니다. 나와 직접적으로 관련이 없고 이해관계가 걸린 사람이 아니라면 그럴 필요도 없을 것이다. 하지만 한 사람의 명성을 이해할 때 언론 같은 세속의 평가를 무조건 자신의 판단으로 삼는 어리석음은 피해야 한다. 자칫 세상과 인간을 잘못 판단하고 평가하기 십상이기 때문이다.

평가는
타인의 몫이다

내가 경험한 세속의 평가 중에 가장 황당했던 것이 살아 있는 사람의 위인전 출간이다. 아직 어떤 사람인지 진면목을 제대로 파악하기도 전에 세간에서 인기가 있고 언론이 추켜세운다고 하여 그 덕을 보기 위해 얄팍한 상술로 무려 위인전에 넣어 칭송한 것이다. 질 떨어지는 정치인들의 부추김도 큰 몫을 하였다. 참으로 어처구니없는 짓거리이다. 그렇게 생전에 위인전을 낸 사람치고 제대로 된 사람이 없었다. 문제는 그 때문에 정보가 상대적으로 부족한 시민들이 오판을 하게 되고 정치와 사회, 그리고 나라의 발전이 뒷걸음쳤다는 것이다.

명나라 때의 거물급 간신 위충현을 찬양하기 위하여 살아 있는 사람의 사당인 생사를 전국에 세운 황당한 사건이 떠오른다. 위충현은 살아서는 황제를 상징하는 '만세(萬歲)' 다음가는 '구천세(九千歲)'로 불리고 전국에 자신을 위한 사당을 세울 정도로 위세와 명성이 쩌렁쩌렁하였지만 역사에서는 그를 나라 망친 '거간(巨奸)'이라고 평가하였다. 자신의 위세와 명성을 사사로이 악용하여 충직한 사람을 수없이 해쳤기 때문이다.

위충현은 억울한 사건을 조작하여 합법적이고 낡은 방법으로 정적을 제거하였다. 명장 웅정필에게는 모반이 아니라 비리를 씌웠다. 게다가 웅정필의 억울함을 호소하는 관리들이 모두 웅정필로부터 뇌물을 받았다고 떠들어 댔다. 그리하여 감찰부장(좌도어사) 양련과 정책심의 기구의 주임 위원(도급사중)이었던 위대중을 비롯하여 동림당으로 지목된 중앙과 지방의 관리들이 속속 체포되고 투옥되었다. 혹형을 견디지 못한 이들은 뇌물 수수를 인정할 수밖에 없었다. 이들의 자백을 받은 위충현과 그 일당은 사건을 이관하지 않고 감옥에서 계속 뇌물을 추징하기 시작하였다. 사흘에 한 번씩 가해지는 매질에 이들은 천문학적인 액수의 돈을 내놓았고 결국은 고문을 못 이겨 목숨까지 잃고 말았다.

양련의 시체가 가족에게 넘겨졌을 때 전신은 썩었고 가슴팍에는 그를 눌러 죽인 흙주머니가 아직도 남아 있었으며 귓속에는 머리를 뚫고 들어간 거대한 쇠못이 남아 있었다. 위대중의 시체는 구더기가 끓자 비로소 끌려 나갔다. 사실 체포된 사람들은 죄를 인정하지 않아도 죽음에서 벗어날 수 없었다. 오히려 더 비참하게 죽었다.

세속의 명성은 부풀려진 경우가 많다. 언론 등이 부추겼다면 특히 더 그렇다. 악평도 마찬가지이다. 그래서 우선은 칭찬만 들리는 사람, 비난만 쏟아지는 사람에 대해서는 한 번 더 살필 필요가 있다. 이 말의 속뜻에는 명성이라는 것이 흔히 실제보다 부풀려지기 마련이기 때문에 그 명성만으로 사람을 쉽사리 판단하지 말라는 경고가 담겨 있다. 명성은 실제와 맞아야 의미를 가지기 때문이다. 따라서 평가는 실제를 정확하게 확인해야만 정당성을 가진다.

우리는 대체로 자신에 대한 평가에는 후하고 남에 대한 평가에는 박한 편이다. 그러나 분명한 사실은 나에 대한 평가와 명성은 내가 만드는 것이 아니라는 점이다. 타인의 몫이다. 나는 그 평가와 명성에 어울리는 언행에 주의해야 하고 나뿐만 아니라 주위에도 도움이 될 수 있는 성과를 내야 한다. 이것이 '명실상부(名實相符)'이다.

명성과 명예에는 비난이 그림자처럼 따른다. 그래서 북송 시대의 큰 개혁가였던 왕안석은 "헐뜯음은 질투에서 나오고, 질투는 이기지 못함에서 나온다"라고 꼬집었다. 시기와 질투, 그리고 편견에서 나오는 비난에 시간과 정신을 낭비하지 말고 꿋꿋하게 자기 일을 바로 해 나가면 비난도 사라진다. 다만 이런 현실을 정확하게 알고는 있어야 한다. 관련한 명언 명구 몇 개를 소개해 둔다.

"명성은 헛되이 생기지 않고, 명예는 저절로 자라지 않는다."

《묵자》〈수신〉

"명성이 실제를 이기지 못하면 화를 입는다."

《소서》〈준의〉

"명성이나 명예가 귀중한 까닭은 그것이 공공의 대중이 부여하

는 것이지 자신이 주는 것이 아니기 때문이다."

유우석, 〈처혜음〉

"정당치 못한 수단으로 흘리지 않는 명성이야말로 귀한 것이다."

《순자》〈불구〉

베푼 것은 금방 잊고 받은 것은 평생 기억하라

환공의 감사

욕심을 부리기만 하고 그칠 줄 모르면 욕심 부린 것조차 잃게 되고,
차지하려고만 하고 만족할 줄 모르면 가진 것조차 잃는다.

欲而不知止足, 失其所以欲

욕이부지지족, 실기소이욕

권79 〈범수채택열전〉

'아는 것과 실천은 둘이 아니다'라는 "지행합일(知行合一)"을 주창하며 양명학이라는 학문을 만들어 낸 왕수인은 《전습록》에서 "겸손은 모든 선행의 기초이며 교만은 모든 악행의 우두머리이다"라고 하였다. 겸손은 유익함으로 돌아오고 교만은 손실을

불러온다. 겸손은 덜어 내는 것이다. 내게 넘치는 것, 교만한 마음, 욕심을 덜어 내는 것이다. 감사는 겸손에서 나오므로 감사의 마음은 교만한 마음이나 불만과 대비된다.

감사에는 내 안에서 우러나는 자발적이고 진정한 감사가 있고 타인의 도움에 대한 반응으로서의 형식적인 감사가 있다. 진정으로 감사할 줄 아는 마음은 인생에 대한 성찰과 겸허한 자세에서 비롯된다. 따라서 감사는 모든 선행의 소중한 출발점이다.

감사는 만족에서 나온다. 불만에 찬 사람에게서 감사의 마음은 나오지 않는다. 불만은 차지 않았다는 뜻이다. 내 욕심에 차지 않아서 불만인 것이다. 따라서 욕심 또한 감사와 대비된다. 욕심은 무언가를 하고자 하는 마음, 무엇을 가지고자 하는 마음이다. 얼마든지 절제할 수 있다.

그런데 인성의 약점, 즉 더 가지고 싶어 하고 더 이루고 싶어 하는 욕망이 절제를 압도할 때가 많다. 오십은 욕망이 가장 강렬할 때이다. 어느 시기보다 많은 것을 성취하고 큰 성공을 이루지만 그 못지않게 크게 실패하고 깊이 좌절하기도 한다. 지나친 욕심과 욕망을 절제하거나 통제하지 못한 결과이다.

자신이 지나치다는 것을 감지하고 멈추기란 결코 쉽지 않다. 한창 잘나갈 때는 더 어렵다. 어떻게 절제해야 할까? 영화 〈킹스맨〉에 "매너가 사람을 만든다"라는 명대사가 있다. 매너가 곧 태도라는 뜻이고 태도는 사람의 틀을 말한다. 그 틀이 반듯하면 '태도가 되었다'고 말한다. 태도는 어느 날 갑자기 갖추어지지 않는다. 한 사람의 틀이 만들어지는 데에는 오랜 시간과 노력이 필요하다. 성공하였다고, 많은 돈을 벌었다고 그에 따른 태도도 함께 따라 오는 것이 결코 아니다. '인간은 잘 안 변한다'거나 '사람이 어느 정도 나이를 먹으면 변하지 못한다'는 말이 이를 지적한다.

감사의 마음도 태도의 하나이다. '남에게 베푼 것은 돌아서서 잊고 남에게 받은 것은 평생 기억하라'는 말이 감사의 기본을 잘 나타내고 있다. 아주 사소한 도움이라도 감사하고 갚아라. 도움은 큰 격려이고, 감사는 그 격려에 대한 최소한의 보답이다. 감사의 태도는 평소의 자세와 훈련을 통하여 만들어진다.

기꺼이 받아들이고
기꺼이 베푸는 태도

감사하는 마음은 다른 사람의 충고를 잘 받아들이는 태도와도 직결된다. 그래서 옛 사람들은 "종선여류(從善如流)"하라고 하였다. '좋은 말은 흐르는 물처럼 받아들인다'는 뜻이다. 그러면서 '타인에게 은혜를 베풀되 피곤해하지 말라(施惠不倦, 시혜불권)'고도 하였다. 억지로 베풀지 말고 기꺼이 베풀라는 말이다. 감사하면 베풀게 된다는 뜻이다.

'종선여류, 시혜불권'은 같이 붙어 있는 명언이다. 사마천이 바람직한 통치자의 모범을 제시한 명언 중 하나이기도 하다. 좀 더 보태자면, 좋은 리더는 정확한 의견이나 충고를 마치 물 흐르듯 듣고 따르며, 남에게 은혜를 베풀 때는 서두르되 결코 피곤해하지 않는다. 원전은 《좌전》 소공 13년 조와 성공 8년 조에 '군자의 말'로 인용된 부분이다. 사마천은 〈초세가〉에서 이 부분을 인용하였다.

이 명언은 춘추시대 진(晉)나라의 귀족 숙향이 춘추시대 최초의 패주였던 제나라 환공을 칭찬한 데서 비롯되었는데, 오래전부터 전해 오는 잠언을 인용한 것 같다. 이 여덟 글자의 잠언에는 '자신에게는 엄격하고 남에게는 너그럽게 대하라'는 뜻도 함께 내포되어 있다.

제나라 환공은 자신을 죽이려 하였던 원수 관중을 재상으로 발탁하여 백성을 부유하게 하고 나라를 최강으로 만든 뛰어난 리더였다. 이 일로 그는 "외거불피구(外擧不避仇)", 즉 '외부에서 남을 기용하되 (그 사람이라고 판단되면) 원수라도 피하지 말라'는 실제 행동으로 옮기기 힘든 용인을 실천한 인물로 깊은 인상을 남겼다. 물론 이 과정에는 관중의 평생 친구이자 동료였던 포숙의 설득과 충고가 있었다.

환공이 원수조차 기용한 것은 포숙의 충고를 감사하는 마음으로 받아들이는 종선여류의 태도가 있기 때문이었다. 환공은 지금으로부터 약 2,700년 전 사람이다. 자신의 참모는 물론 상대가 지적해 주는 정확하고 옳은 충고와 지적조차 마치 물 흐르듯 경청한 환공은 포숙에게 무한한 감사의 마음을 전하였다. 감사의 마음이라는 태도가 없으면 '종선여류'할 수 없고 '시혜불권'은 더더욱 불가능하다.

또 감사할 줄 모르는 사람들은 자신의 잘못을 사과할 줄 모른다는 공통점이 있다. 이들은 부끄러워할 줄도 모른다. 감사함을 모르고 부끄러움도 모르는 사람은 세상을 어지럽히고 사회의 기풍을 타락시킨다.

'범사에 감사하라'는 말이 있다. 이 글을 쓸 수 있게 뜻깊은 지식과 삶의 올바른 방향을 선물해 준 사마천께 무한한 감사의 마음을 드린다. 아울러 이 글이 종이 위에서 살아 움직일 수 있게 아낌없는 도움을 주신 모든 분께 머리 숙여 진심으로 감사드린다. '영원'이 있다면 영원히 감사드리며 '영원'이라는 마지막 주제로 넘어가 우리의 여정을 마무리한다.

흐르는 시간 속에 무엇을 남길 것인가

삶의 영원

높은 산은 우러러보고 큰길은 따라간다.

高山仰止, 景行行止

고산앙지, 경행행지

권47 〈공자세가〉

사마천은 공자의 일대기를 정리하면서 "고산앙지, 경행행지"라는 《시경》의 여덟 글자를 인용하여 자신의 마음속에 살아 있는 공자에게 바쳤다. 공자는 이렇게 사마천의 헌시를 빌려 영생하였다. 지금 사마천 사당 입구에도 '고산앙지' 네 글자가 현판으로 걸려 있다. 사마천도 영생을 얻었다.

내가 좋아하는 노래 가사를 소개하는 것으로 우리의 마지막 주제로 넘어간다.

꿈에서 깨어나도 아름다운 그 모습 여전히 휘감아 도는구나.
휘둘러 떨치지도 못하고 다시 태우지도 못하는구나.
지난 모든 일이 어제처럼 또렷하고
정 깊어 헤어지기 아쉬운 내 마음 여전하구나.
변함없이 변함없이 변함없이.

꿈에서 깨어나도 아름다운 그 모습 여전히 휘감아 도는구나.
휘둘러 떨치지도 못하고 다시 태우지도 못하는구나.
꿈꾸었던 그해가 올해로 바뀌니
시간이여 멈추어라 시간이여 멈추어라!
영원히 영원히 영원히.

양지홍, 〈영원 영원 불변〉

하늘 아래 새로운 것 없다는 말이 있듯이 영원한 것도 없다. 나이 오십은 인생의 거의 절반이다. 나이 오십은 반환점을 도는 때이다. 나이 오십은 시간이다. 대부분 정신없이 달려왔을 시간이다. 인생의 후반 역시 시간과의 동행이다. 하지만 이제부터는 시간에 쫓기기보다 자신만의 공간 확보에 힘을 써라. 영원은 시간을 염두에 둔 단어 아닌가? 따라서 '시간을 어떻게 생각할 것인가?'라는 질문으로 우리 이야기의 마지막 주제에 마침표를 찍을까 한다.

어떻게 영원히 앞으로 나아갈 수 있는가

멈추지 않는 것이 시간이지만 나는 시간을 멈출 수 있다고 생각한다. 정확하게는 시간을 늘릴 수 있다고 생각한다. 흔히 말하듯 시간의 활용법에 따라 시간이 늘어나고 결과적으로 시간을 늘릴 수 있다는 것이다. 그 방법이 앞에서도 몇 차례 권하였던 자기만의 공간을 확보하는 일이다. 좀 더 쉽게 이야기하자면 나와 시공간을 공유하는 사람을 줄이고 만남의 횟수를 줄이는 일이다. 관계를 끊으라는 말이 아니라 관계의 양을 줄이고 질을 높이라는 말이다.

어떤 관계가 되었건 궁극적으로는 나를 위한 관계이다. 그 때문에 웬만한 관계는 다 유지하려고 애써 왔을 것이다. 그런데 한번 가만히 생각해 보라. 아직도 내게 도움이 되고 앞으로도 도움이 될 관계는 얼마나 되는지. 또 더 중요하게는 이런 관계들 때문에 정작 신경 쓰고 배려해야 할 관계를 소홀히 하지는 않았는지.

영원이란 없지만 인간은 영원을 갈망한다. 그래서 자녀를 가지고 그 자녀가 또 자녀를 가져 대를 잇는 것이다. 그리고 '나'라는 존재는 내 자녀의 기억에 존재하고 내 자녀의 자녀들의 기억에 다시 겹쳐져 존재한다. 그조차 영원할 수는 없겠지만 가능한 한 오래도록 기억되기를 바랄 것이다. 그것이 우리들이 말하는 '영원'에 가깝다. 그래서 중국 사람들은 연인에게 사랑을 고백할 때 '너를 영원히 사랑해'가 아닌 '너를 1만 년 동안 사랑해'라고 구체적인 수치, 거의 영원에 가까우면서 좀 더 실감나는 수치로 표현하고는 한다.

영원할 수는 없어도 영생할 수는 있다. 예수가 그렇고, 부처가 그렇고, 공자가 그렇고, 사마천이 그렇다. 그들이 남긴 그 무엇 때문이다. 그래서 허황된 불사나 미신 속의 영생이 아니라 이들처럼 진정한 영생을 이루라고 말하고 싶다. 바로 살고, 보람 있게 살고, 서로 사랑하고, 내가 하고 싶은 일을 즐겁게 해서 많은 사람이 혜택을 볼 수 있는 그 무엇을 남기는 것, 그것이 곧 영생 아닐까?

인생은 한 방향으로만 달리는 열차와 같다. 도중에 이런저런

역에서 멈출 수도 있지만 되돌아가는 차표는 영원히 살 수 없다. 이 열차에서는 할 수 있는 일이 있고, 반드시 해야 하는 일이 있으며, 해서는 안 되는 일이 있고, 결코 할 수 없는 일도 있다. 나의 열차는 어느 역에서 떨어져 나가 영원히 멈추지만 내 뒤에 붙은 열차는 잠시 멈춘 다음 이내 내 열차를 스쳐 지나간다. 내 열차에 담긴 나에 관한 기억을 옮겨 싣는 시간이다. 나의 자녀들이 그 열차에 타고 있다. 그들에게 어떤 기억을 남길 것인가? 그렇게 열차는 영원히 이어 달린다.

나가며

인생의 교집합을 생각하며

내가 쓴 원고를 이렇게 여러 번 읽은 적이 없다. 전날에 썼던 글 또는 앞에 썼던 글을 다시 읽으면서 진도를 내는 편이라 보통 다 쓰고 나면 좀 심하게 말해 쳐다보기도 싫을 정도이다. 그런데 이 책은 다 써 놓고도 몇 번을 더 읽었고 또 읽고 있다. 행여 꼰대 같은 소리를 한 대목은 없을까 하는 걱정이 들어서이다. 나이가 들긴 들었나 보다. 아무튼 또 한 번 감사의 말씀을 전하면서 진짜 마무리하려 한다.

지금까지 나눈 우리의 이야기들에 대하여 한 번 더 생각해 보면 50개의 주제들이 거의 다 연결되어 있다는 점을 어렵지 않게 발견할 수 있다. 마치 우리의 나이가 출생의 순간부터 죽는 순간까지 겹쳐져 있는 것과 같다. 나는 저 앞에서 이를 '인생의 교집합'이라고 불렀다. 이 교집합에 포함된 것들이 바로 우리가 나눈 이야기들이고 내 삶의 핵심들이다. 교집합에 들어 있는 것만이 더 중요하다는 뜻은 물론 아니다. 교집합에 들어 있는 핵심들을 통하여 다른 많은 것들도 함께 이야기하였기 때문이다.

삶이 죽음과 연계되어 있다면 그에 대하여 책임감을 가지고 살면 된다. 그것이 인생 아닌가? 성공이 있다면 실패가 있고 성취가 있다면 좌절도 있다. 우리 삶이 다 그렇다. 성공과 성취에 자만하지 않고 실패와 좌절에 굴복하지 않고 일어선다. 그것이 곧 존엄하게 사는 것이다. 그래서 사마천이 위대하고 존엄한 것 아닌가? 여유가 있으면 차분히 생각하고 공부하면서 그다음을 준비한다. 돈을 벌었으면 어디에 뜻있게 쓸 것인가를 생각하면서 노블레스 오블리주를 실천한다. 그러면 존경과 존중을 받는다. 나 역시 그런 사람, 그런 삶을 존중하고 닮으려고 노력한다.

인생이 별스러운가? 그렇다. 아주 별스러운 것이 인생이고, 나의 인생은 더 그렇다. 이 세상에 단 하나만 존재하는 '나'이기에 죽는 순간까지 최선을 다하여 바르게 사람답게 살고 그렇게 살다 가는 삶이기에 귀중하고 고귀하다. 고단하지만 보람 있다. 인간은 단 한 번 태어나고 단 한 번 죽는다. 단 한 번만 태어나고 단

한 번만 죽는다. 다시 사마천의 말씀으로 이야기를 마친다.

"인간은 누구나 한 번 죽지만 어떤 죽음은 태산보다 무겁고 어떤 죽음은 새털보다 가볍습니다. 죽음을 사용하는 방향이 다르기 때문입니다."

再見!